国家无障碍战略研究与应用丛书（第二辑）

中国无障碍环境中长期发展目标研究

焦舰 著

辽宁人民出版社

© 焦舰 2021

图书在版编目（CIP）数据

中国无障碍环境中长期发展目标研究 / 焦舰著. —沈阳：辽宁人民出版社，2021.12
（国家无障碍战略研究与应用丛书. 第二辑）
ISBN 978-7-205-10403-0

Ⅰ.①中… Ⅱ.①焦… Ⅲ.①残疾人—社会服务—研究—中国 Ⅳ.①D699.69

中国版本图书馆 CIP 数据核字（2021）第 266913 号

出版发行：辽宁人民出版社
　　　　地址：沈阳市和平区十一纬路 25 号　邮编：110003
　　　　电话：024-23284321（邮　购）　024-23284324（发行部）
　　　　传真：024-23284191（发行部）　024-23284304（办公室）
　　　　http://www.lnpph.com.cn

印　　刷：辽宁新华印务有限公司
幅面尺寸：170mm×240mm
印　　张：11.5
字　　数：200 千字
出版时间：2021 年 12 月第 1 版
印刷时间：2021 年 12 月第 1 次印刷
责任编辑：李　丹　何雪晴　郭　健　赵学良
装帧设计：留白文化
责任校对：郑　佳
书　　号：ISBN 978-7-205-10403-0
定　　价：60.00 元

总　序

张苏军

欣闻《国家无障碍战略研究与应用丛书》(第二辑)付梓,这份欣喜,既表达了对我国无障碍事业的蓬勃发展态势的喜悦,也有为那些投身于无障碍事业的各界人士的赞许,更饱含对创造更加宜居、宜业、宜游、舒适美好生活环境的期待。此套丛书的出版,对助力我国无障碍法治环境建设,以法治的精神、法治的力量和法治的感召,深入推进我国无障碍环境建设高质量发展,向世界展示中国方案、中国作为和中国成果,意义重大。

此套丛书汇集了我国无障碍理论研究的最新成果,聚合了北京大学、清华大学等国内高校和科研机构专家团队的力量,以多元视角、在诸多层面,系统性地对无障碍的社会价值、经济价值、科技创新等领域进行研究,同时对我国无障碍社会实践进行了深化梳理和总结,对城市更新、适老化改造、全龄友好型社区和残疾人家庭无障碍改造等进行了细化研究,为不断满足人民群众日益增长的对美好生活的需要,促进人的全面发展、逐步实现共同富裕的目标等提供了理论支持,发挥了无障碍理论研究与实践融合的独特作用及价值。

习近平总书记指出:"无障碍设施建设问题是一个国家和社会文明的标志,我们要高度重视。"这为我国无障碍事业发展提供了遵循,指明了方向。无障碍环境建设是一个国家科技化、智能化、信息化水平的体现,是一个国家经济建设和社会建设水平的体现,也是一个国家硬实力和软实力的综合体现。无障碍环境建设的高质量发展,将更好地满足人民群众日益增长的需

张苏军　第十三届全国人大常委会委员,第十三届全国人大监察和司法委员会副主任委员,中国法学会党组成员、副会长。

求，充分体现"以人民为中心"的发展理念。我国有8500多万残疾人，有近2.64亿60岁以上老年人，是世界上残疾人口和老年人口最多的国家，在无障碍环境建设方面有着巨大的现实需求。消除公共设施、交通出行、信息通信等领域的障碍，让广大老年人、残疾人平等地参与到康养、教育、就业和社会生活中，加强无障碍环境建设，是保障全社会成员特别是残疾人、老年人等有特殊需求群体融合共享社会生活的重要前提，是完善城乡基本公共服务的重要内容，是应对老龄化、满足适老化需求的重要措施，是建设美丽中国、健康中国的重要体现，是国家经济发展、人权保障、社会文明进步的重要标志。对于提升老年人、残疾人的社会适应能力，促进社会融合具有重要的现实意义。

近年来，我国无障碍环境建设发展迅猛。无障碍法规政策标准体系不断完善，无障碍设施、无障碍信息、无障碍服务水平不断提高，城乡无障碍环境建设方兴未艾，社区、残疾人家庭无障碍改造受益面不断扩大，无障碍环境建设取得的成就，在国内外彰显了重要的人文价值，产生了良好的社会影响。党的十九届六中全会总结中国共产党从小到大、从弱到强，从胜利走向胜利的根本经验，就在于依靠人民、服务人民、赢得民心。坚持以人民为中心的发展思想，着力保障和改善民生，着力解决人民群众急难愁盼问题，加强基础性、普惠性、兜底性民生保障建设，在幼有所育、学有所教、劳有所得、病有所医、老有所养、住有所居、弱有所扶方面不断推进。为人民创造安宁祥和、稳定有序的社会环境，才能让人民生活全方位改善，获得感、幸福感、安全感更加充实、更有保障、更可持续。这其中，高质量推进无障碍环境建设发展是必不可少、大势所趋的应有之义。

应该看到，当前我国无障碍环境建设与经济建设和社会发展水平还不相适应，无障碍环境建设还面临着诸多亟待解决的困难和问题；我国法律中关于无障碍的规定还不系统、不规范，法律之间缺乏有效衔接，而且多部专业领域的法律中未涉及无障碍环境建设的规定内容，因此，需要整合并形成系统完善的无障碍专门法律，强化无障碍法规政策实施落地的切实举措，进一步以法治来推进无障碍环境建设与国家社会经济发展和人权保障成果的融合，以法治来建立新冠肺炎疫情防控工作中的无障碍环境保障长效机制，以法治来促进无障碍环境护佑人民群众生命安全和身体健康，以法治来保障我国无障碍环境建设持续健康高质量发展,满足社会全体成员对无障碍环境建设日益增长的迫切需求。

无障碍环境建设立法已成为当前重要课题,是新阶段推进无障碍环境建设的必然所需,亟待加快无障碍环境建设立法进程。无障碍环境建设是一项整体的社会改造工程,不仅需要政府的主导,还需社会力量,特别是科研机构、社会组织等的广泛参与。无障碍立法既要立足现实,也要有前瞻性,要在中国特色社会主义法治体系之下探寻无障碍建设的法治保障,满足广大社会成员日益增长的无障碍需求,实现无障碍环境建设的高标准、高质量发展。

借《国家无障碍战略研究与应用丛书》(第二辑)出版,向促进社会美好和谐发展的中国无障碍事业致敬!向丛书全体编创人员表示感谢和敬意!

2021 年 11 月

国家无障碍战略研究与应用丛书（第二辑）
顾　问

叶静漪　庄惟敏　吕世明

前　言

国务院2012年发布的《无障碍环境建设条例》是当今中国进行无障碍环境建设的重要政策依据，其中，第二条对于"无障碍环境"给出了定义："无障碍环境建设，是指为便于残疾人等社会成员自主安全地通行道路、出入相关建筑物、搭乘公共交通工具、交流信息、获得社区服务所进行的建设活动。"

现代社会发展到一定阶段，解决了温饱问题之后，无障碍环境建设是必然会提到议事日程的重要问题，并成为国民幸福生活的重要保障。进入21世纪以来，随着中国经济实力逐渐增强，人民生活水平日益提高，对无障碍环境建设的需求也开始爆发。

中国是当今世界上人口最多的国家，以残疾人、老年人为主体的有无障碍需求人群的绝对数量非常庞大，超过世界上大部分国家的人口数量，同时其人口比例也在逐年上升。根据2019年7月中华人民共和国国务院新闻办公室发布的文件，中国的残疾人已经超过8500万人，占全国人口总数的6.3%；到2019年底，60岁及以上的人口比重已经达到18.1%，预计"十四五"期间，我们的老年人口将超过3亿人。[1]因此，再加上病患、儿童，中国"十四五"期间具有无障碍需求的人数肯定将超过4亿，已经接近总人口的30%。据研究，2016—2053年是中国人口老龄化快速发展时期，老年人口将从2015年的2.22亿增加到4.87亿，占比由16.1%上升到34.8%。因此，未来有无障碍需求的人群将更加庞大，占比也会增加。面

---

[1] 中国新闻网客户端2021年2月26日发布。

对超三成国民的社会生活需求，解决无障碍环境建设问题，是中国现阶段和中长期必须重视的一项根本任务。

20世纪80年代末以来，跟随城市化的进程，通过30多年的建设，可以说中国城市里的无障碍设施建设已经初见成效，很多城市中的实体无障碍环境建设已经铺开，为残疾人和老年人的日常生活提供了很大的便利，成绩有目共睹。无障碍信息交流和无障碍服务，虽然近几年才逐渐被广泛认可为无障碍环境的重要内容，但发展速度很快、势头很猛。尤其信息交流无障碍方面，借智慧城市的东风，新成果涌现，市场也表现出极大的积极性。这些对于无障碍环境的完善和升级，都是利好的条件。

从"无障碍"这个概念在中国确立伊始，政府就是这一工作的主导者和推动者，无障碍环境的发展依赖于国家和地方的法律、法规、标准、规范，具有比较大的强制性。这是世界各国的共性特征，由此反映了无障碍环境建设的"底线性社会保障"的特点。

尽管成绩斐然，中国的无障碍环境发展仍然面临着很艰巨的任务。除了上述需求层面的压力外，现有的无障碍基础设施仍然存在建设不系统、实施不规范、设施建设完成后运营维护不到位、损坏时缺乏维修等方面的问题，这些问题不但造成了资源的浪费，带来了生活的不便，而且形成了不可忽视的安全隐患。

同时，全国不同区域建设不平衡的情况比较严重，经济发达地区的建设明显较不发达地区更加全面且先进。从无障碍环境的建设内容来看，存在着实体环境建设较软性环境建设更受重视、建设情况更完善的情况。

在法制方面，虽然出台了无障碍环境建设相关的政策法规，但执行不到位情况比较严重。主要原因是现有政策法规原则性较强、实施性较弱，禁止性条款的惩罚力度不够，发展性条款的目标不清晰，同时监管跟不上，一些条款形同虚设。在管理方面，存在着大量管理职责不明确、管理重叠甚至缺乏管理的情况。

综上所述，中国的无障碍环境建设需求量大且迫切，涵盖内容广，实施过程中节点较多，确保建设成果真正满足社会实际需求存在着一定的难度。要全面提升中国的无障碍环境建设水平，需从贯彻意识理念、完善法治建设、落实管理监督、提升技术水平全面着手，并做好不同工作领域的协同。

如此系统性强的工作，需要有一个明确的发展目标，全社会在此目标下达成共识，才能有效地实现中国无障碍环境建设整体水平的提升，确保无障碍环境成为中国新时期社会文明的重要特征。

针对中国无障碍环境的发展目标，在国家和地方相关主管部门的支持下，本书笔者牵头开展了一系列的研究。包括完成住房和城乡建设部标准定额司2019年委托的"无障碍环境建设中长期发展目标编制研究"；完成北京市规划和国土资源管理委员会2019年委托的"北京市无障碍环境建设工作优化方案与策略研究"；2019年正式立项，计划2022年6月完成的国家重点研发计划"科技冬奥"重点专项——"无障碍、便捷智慧生活服务体系构建技术与示范"（项目编号：2019YFF0303300）中的课题一"无障碍、便捷智慧生活服务体系及智能化无障碍居住环境研究与示范"（课题编号：2019YFF0303301）。本书在这些研究的基础上写作完成。郑康、高渝斐、孙蕾、焦博洋、于博、包延慧等团队同事参与了上述研究中与中国无障碍环境发展目标相关的工作。

本书笔者于2006年开始从事无障碍领域的研究和实践工作，近年主持"北京市建筑设计研究院有限公司无障碍通用设计研究中心"的工作，不但得到了公司内部的大力支持，而且得到了中国残疾人联合会、住房和城乡建设部、北京市残疾人联合会、北京市规划和国土资源管理委员会等部门的指导和支持。

以上支持是本书得以完成的重要基础，在此一并表示感谢。

焦舰
2021年9月

目 录

总　序 …………………………………………………………… 张苏军
前　言 …………………………………………………………… 001

第一章　无障碍简述 …………………………………………… 001
　　一、无障碍环境服务对象 …………………………………… 002
　　二、无障碍规划 ……………………………………………… 003
　　三、建筑无障碍设计 ………………………………………… 004
　　四、无障碍设计标准 ………………………………………… 005
　　五、通用设计理念 …………………………………………… 006
第二章　无障碍环境发展回顾与展望 ………………………… 009
　　一、国际和中国无障碍环境发展回顾 ……………………… 010
　　　（一）国际无障碍环境发展回顾 ………………………… 011
　　　（二）中国无障碍环境发展的成就和经验 ……………… 018
　　　（三）中国无障碍环境发展问题 ………………………… 022
　　二、国家经济社会发展对无障碍环境的要求 ……………… 027
　　　（一）包容无障碍设计理念是可持续发展理念的一部分 … 027
　　　（二）国家上位法律法规、政策的要求 ………………… 029
　　　（三）中国无障碍环境发展趋势 ………………………… 032
　　三、无障碍需求分析 ………………………………………… 033
　　　（一）主要服务人群无障碍需求分析 …………………… 033
　　　（二）社区和居家无障碍需求 …………………………… 039
　　　（三）智慧城市支撑的无障碍生活环境 ………………… 041

第三章　无障碍环境中长期发展目标·····················043
一、从无障碍设施系统到无障碍生活服务系统·····················044
二、制定无障碍环境中长期发展目标的基本原则·····················045
（一）以国家纲领性要求为指导·····················046
（二）以专业性和社会性为特征·····················047
（三）以通用型无障碍环境为方向·····················047
（四）以改善民生拉动经济为动力·····················047
（五）以系统性思维为方法·····················047
（六）以协同发展为机制·····················048
三、无障碍环境中长期发展目标时间节点·····················048
（一）无障碍环境中期发展目标时间节点（2025年）·····················048
（二）无障碍环境长期发展目标时间节点（2035年）·····················048
四、中期发展目标框架（2025年）·····················049
（一）建设领域的中期发展目标·····················050
（二）管理领域的中期发展目标·····················062
五、长期发展目标框架（2035年）·····················067
（一）建设领域的长期发展目标·····················068
（二）管理领域的长期发展目标·····················071

第四章　无障碍环境中长期发展目标的实现路径·····················073
一、无障碍环境建设的重点领域·····················074
（一）文化和无障碍意识·····················074
（二）实体环境无障碍·····················076
（三）交通无障碍·····················079
（四）信息交流无障碍·····················081
（五）无障碍服务·····················083
（六）无障碍环境建设保障措施·····················084
（七）应对老龄化社会的无障碍环境·····················085
二、无障碍环境建设的关键问题·····················087
（一）公共空间和公共服务设施·····················087
（二）管理体系·····················092

　　　　（三）技术体系 ··· 094
　三、无障碍环境建设的保障措施与政策 ······································· 095
　　　　（一）完善相关法律、政策、标准 ·· 096
　　　　（二）加强体系建设，推进体制改革和机制创新 ···················· 099
　　　　（三）加大研发力度 ·· 101
　　　　（四）完善保障体系 ·· 101
　　　　（五）提供优惠政策 ·· 102

第五章　案例与实践之一：北京市无障碍设施环境建设 ···················· 103
　一、北京市无障碍设施环境建设现状 ··· 104
　　　　（一）近期任务 ·· 104
　　　　（二）现有的无障碍法律、法规和相关政策 ·························· 106
　　　　（三）项目建设全过程建设节点 ·· 107
　　　　（四）无障碍设施建设工作回顾 ·· 108
　二、北京市无障碍设施环境发展目标 ··· 112
　　　　（一）北京市无障碍设施建设工作的优化目标 ······················ 112
　　　　（二）北京市无障碍设施建设工作的优化重点 ······················ 113
　　　　（三）北京市无障碍设施环境的优化方法与策略 ··················· 118
　　　　（四）北京市无障碍设施环境建设优秀案例图片 ··················· 131

第六章　案例与实践之二：无障碍环境建设条例的发展 ···················· 137
　一、章节设置和总体要求 ·· 138
　　　　（一）章节设置 ·· 138
　　　　（二）总则 ··· 139
　二、无障碍环境建设主要部分的要求 ··· 146
　　　　（一）无障碍设施建设 ··· 146
　　　　（二）无障碍信息交流 ··· 154
　　　　（三）无障碍社会服务 ··· 158
　　　　（四）法律责任和管理 ··· 161

参考文献 ·· 163

后　记 ··· 165

第一章

无障碍简述

无障碍环境不是一种行为或状态，而是指进入、接近、利用一种境遇或与之联系的选择自由。环境是想获得的境遇的全部或部分。如果通过提高无障碍环境的方法，从而提供了参与机会的均等，那么就达到了平等的参与。无障碍环境的因素是获得环境的属性，而不是环境的特点。①

无障碍（Accessibility）英文名称的直译为"可到达"，意思是环境、设施、设备、产品可以尽可能地被更多的人享用。无障碍是一个环境系统（包括硬件系统和软件系统）的功能性是否优越的重要指标。在中国的《残疾人权益保障法》和《无障碍环境建设条例》中，无障碍包括环境无障碍、信息交流无障碍以及社区服务无障碍这三类内容。

一、无障碍环境服务对象

无障碍环境服务对象可以统称为"有无障碍需求人群"，是在行动、生活、参与社会、获取信息等方面遇到障碍的人，不但包括残疾人、老年人、伤病人、孕妇、儿童等由于自身生理阶段和身体原因造成生活不方便的人群，还包括其他特殊情况，比如说人在推婴儿车、提行李箱等情境。障碍包括行动障碍、视觉障碍、听觉障碍、言语障碍和精神障碍。

无障碍环境是以轮椅坡道、无障碍卫生间等无障碍设施设置开始的，初始阶段的服务对象仅限定于残疾人，特别是使用轮椅的肢体残疾人，然后逐渐扩展至其他类别的残疾人。近几十年，社会逐渐形成共识——无障碍环境的建设是为了服务社会所有成员的，这一理念的改变逐渐被大众所接受，从而使无障碍环境建设的服务对象包含的人群扩大了。

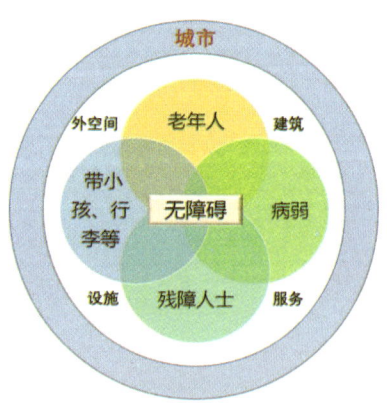

图 1-1　无障碍环境服务对象

---

① https://www.un.org/chinese/esa/social/disabled/accessibility.htm.

无障碍环境的服务对象已经拓展到社会的每一个成员，无障碍环境应当支撑每个社会成员能够公平、自尊、独立地参与社会生活。服务对象的扩大，使"无障碍"有了新的内涵和要求。

二、无障碍规划

无障碍规划是指将无障碍的目标纳入规划编制，在城市或者街区尺度对于无障碍环境的规划。在国务院发布的《无障碍环境建设条例》中，第一章第四条规定："县级以上人民政府负责组织编制无障碍环境建设发展规划并组织实施。无障碍环境建设发展规划应当纳入国民经济和社会发展规划以及城乡规划。"

无障碍规划服务于城市的无障碍环境建设，对家居和城市服务方面的无障碍设施建设与服务配套提出目标及实施计划，规划便于残疾人和老年人等社会成员自主安全地通行道路、出入相关建筑物、搭乘公共交通工具、交流信息、获得社区服务的城市环境。

无障碍规划既包括无障碍设施的规划，也包括信息交流无障碍及无障碍服务的规划，具体包括建设范围、建设要求、工作机制、管理、评估、维护等内容。

无障碍规划是城市规划众多体系元素的有机组成部分，包括新建城市或城区的规划和既有的城市环境的改造。

规划前期的分析调研工作包括：

（1）需求分析：分析该区域的人口规模、构成，主要功能布局，人的主要活动模式分类等。

（2）空间分析：结合需求分析对空间按照需求强度的不同进行分类。

无障碍规划应"以人为本"，并考虑与环境的和谐关系，将无障碍的设计理念体现在整体性的人性化规划中。

到详细规划层面，城市公共空间和建筑内部空间的连接面或连接点也应纳入其中，并对建筑的设计提出指导性要求和建议。

无障碍规划中需特别关注的要素包括：

（1）慢行交通。包括人行道、穿越城市交通干道的天桥或通道、道路系统和建筑的连接等方面的无障碍设计，在其中应安置休憩节点。

（2）机动车交通。残疾人乘机动车交通出行方式主要有以下几种：乘坐他人或自己驾驶的小型车辆出行；驾驶残疾人摩托之类的轻便机动车出行；乘公共交通出行。无障碍机动车停车位和公交场站的无障碍设计是其保障。

（3）城市公共服务设施。如便利店、医疗服务机构、社区服务机构、公共厕所等的可达性非常重要。残疾人和老年人往往在住家周边活动，一般经常光顾的是半径1公里范围内的公共服务设施，这些设施要考虑步行交通及短途公交作为交通方式，并设置便利的标识系统。

（4）公共环境设施。分为公用系统设施、景观系统设施、安全系统设施、标识设施、照明设施等，均与无障碍密切相关。在保证满足功能的基础上，还要考虑人的心理需求。

（5）城市的园林景观。邻近城市的风景区，城市内的公园、开放绿地、居住区绿地，应设计出适宜的无障碍游览路线，其中的无障碍设计即是围绕着这个路线，包括道路及铺装、园林设施、标识系统及植物选择等。

（6）历史街区及建筑。关于历史街区及建筑的无障碍改造是城市环境的无障碍改造中最棘手的问题。一般采纳古建保护优先的原则，无障碍设施宜为活动性的，不对被保护的对象构成物理性的破坏。

三、建筑无障碍设计

建筑无障碍设计是在建筑设计中贯彻无障碍理念，在空间尺寸、交通流线、无障碍设施设置等方面，满足残疾人、老年人、病人、带小孩人士等各类人士的使用需求。

无障碍设计这个概念由联合国在1974年提出，也被称作"为所有人的设计""友好型设计"。其宗旨为：在现代社会，一切有关人类衣食住行的公共空间环境以及各类建筑设施、设备的规划设计，都必须充分考虑具有不同程度生理伤残缺陷者和正常活动能力衰退者的使用需求，配备能够应答、满足这些需求的服务功能与装置，营造一个充满爱与关怀、切实保障人类安全、方便、舒适的现代生活环境。

建筑无障碍设计主要包括建筑部品、通行设施、通用场所的无障碍设计及信息的无障碍设计等，同时要保证无障碍通行流线与无障碍服务系统的完整和连贯。需要重点考虑无障碍设计的建筑部品包括：扶手；问询台、接待处、业务台、收银台、借阅台、行李托运台等各类服务台；提款机、饮水机等设备；开关、插座、电话接线点、电视天线、空调控制面板等操作部件；灯具、门禁、电话等设备部件。需要重点考虑无障碍设计的通行设施包括门、电梯、楼梯、坡道、走道等，建筑及其场地应设置连贯系统的无障碍通道，无障碍通道需要满足一定的空间尺寸及照明、材料要求，在其中有高差的地方须设置轮椅坡道或者无障碍电梯。需要重点考虑无障碍设计的通用场所包括卫生间、浴室、机动车停车位、座席区、客房、住房等。无障碍信息交流是保障各类人群在任何情况下都能平等、方便、无障碍地获取信息、利用信息，针对建筑无障碍设计来说，主要包括设置信息辅助设施及无障碍标识系统。

四、无障碍设计标准

无障碍设计标准是以建设无障碍环境为核心目标的设计标准，包括道路、公共交通、公共建筑、住宅、部品、信息等方面，可以是综合性的标准，也可以是针对某一方面的标准。无障碍设计标准以规范、标准、导则、指南等形式发布。

包括中国在内，世界上的大部分国家都建立了无障碍设计标准体系，强制程度各不相同。联合国等不同的国际组织也都曾经发布过无障碍方面的推荐性设计技术标准。还有一些比较专用的无障碍标准，如国际残疾人奥林匹克委员会不断更新发布的《国际残奥委会无障碍指南》(IPC Accessibility Guide-An Inclusive Approach to the Olympic & Paralympic Games)，是专门针对奥运赛事的全面、详细的无障碍导则，以体育场馆、奥运村的无障碍要求为重点，对主办城市的无障碍环境建设的各个领域和方面均提出细化要求，无障碍设计是其中主要的技术性内容。

中国的无障碍设计标准，由一般行业性规范和标准的建立起步，逐步上升到国家标准。国务院发布的《无障碍环境建设条例》于2012年8月1日起正式实施，有效地促进了无障碍设计标准体系的完善，现在正在逐渐建立以强制性标准为核心、推荐性标准和团体标准相配套的标准体系。

截至2021年底，中国已经发布的城市建设领域的主要无障碍设计标准包括《方便残疾人使用的城市道路和建筑物设计规范（试行）》《城市道路和建筑物无障碍设计规范》（JGJ 50）、《无障碍设计规范》（GB 50763）、《建筑与市政工程无障碍通用规范》（GB 55019）、《铁路旅客车站无障碍设计规范》（TB 10083）、《民用机场旅客航站区无障碍设施设备配置技术标准》（MH/T 5047）等。很多地方也出台了地方性的无障碍设计标准，比如北京市出台了《居住区无障碍设计规程》（DB 11/1222）、《公园无障碍设施设置规范》（DB11/T 746）、《人行天桥与人行地下通道无障碍设施设计规程》（DB11/T 805）等，上海市出台了《无障碍设施设计标准》（DGJ 08-103）等，天津市出台了《天津市无障碍设计标准》（DB/T 29-196）等。

在信息和产品领域的一些无障碍设计标准和城市建设息息相关，如信息领域的《标志用公共信息图形符号第 9 部分：无障碍设施符号》（GB/T 10001.9）、《网站设计无障碍技术要求》（YD/T 1761）、《无障碍信息交流第 2 部分：通信终端设备无障碍设计原则》（GB/T 32632.2）、《中国盲文》（GB/T 15720）、《无障碍信息交流公众场所内听觉障碍人群辅助系统技术要求》（YD/T 2099）、《无障碍信息交流、身体机能差异人群、网站设计无障碍技术要求》（YD/T 1761）等；产品领域的《适用于残障人员的电梯附加要求》（GB/T 24477）、《行动不便人员使用的垂直升降平台》（GB 24805）、《沿斜面运行无障碍升降平台技术要求》（JG/T 318）等。

以上列举的均为专门的无障碍设计标准，还有很多无障碍设计的标准要求是体现在其他标准中的，如《民用建筑设计统一标准》（GB 50352）提出了原则性要求，而各建筑类型的设计标准均对无障碍提出要求，很多产品的技术标准中也提出了无障碍要求。

五、通用设计理念

通用设计又称包容性设计，是在无障碍设计基础之上，由美国北卡罗来纳州大学教授 R.L. 梅斯（Ronald L.Mace）于 1991 年在《宜人的环境——走向通用设计》中提出的，其原始定义为："与性别、年龄、能力等差异无关，适合所有生活者的设计。" 1998 年，国际通用设计中心将其修正为："在最大限度的可能范围内，不分性别、年龄与能力，适合所有人使用方便的环境或产品设计。" 这是一个基于人道主义精神的设计理念，认为设计有义务为更多人提供适用、舒适和美的环境及产品，充分考虑不同群体的多元化需求。

通用设计最著名的纲领，是梅斯教授提出的七大原则，具体包括以下内容。

1.公平使用（Equitable Use）：对于不同能力的人士都是有帮助的，并且是可市场化的

（1）为所有使用者提供尽可能相同的使用方法，否则应提供同等的使用方法；

（2）避免带来隔离感和羞辱感；

（3）为所有使用者提供同等的私密性和安全性；

（4）提供对所有使用者都具有吸引力的设计。

2.使用的灵活性（Flexibility in Use）：适应广泛的个体差异的

（1）提供可根据个体情况进行选择的使用方法；

（2）适应左右手使用的不同；

（3）所有使用者均可以准确地使用；

（4）适用于使用者的行动节奏。

3.简单而直观的使用性（Simple and Intuitive Use）：简单易用，不会带来某些人群在使用上的困难或危险

（1）尽量减少复杂性；

（2）与使用者的直觉预期相吻合；

（3）适应不同人群的知识背景和语言能力；

（4）根据重要性，分层次来提供信息；

（5）在使用期间及使用后提供清晰有效的提示信息。

4.信息容易理解（Perceptible Information）：设计简单明了，不会因为使用者理解能力的偏差而带来使用上的不便和危险

（1）用图案、文字、形状、声音等多种方式表达重要信息；

（2）在基本信息和其背景之间提供适当的对比；

（3）强化基本信息的易读性；

（4）以可以描述的方式划分不同的要素；

（5）满足不同的能力和感官限制的人群的使用。

5. 容纳能力（Tolerance for Error）：尽量避免使用中因误操作而发生危险的可能

（1）采用的布局和配置方式尽可能减少隐患和错误，适用频率和可达性相一致，消除、隔离或屏蔽隐患；

（2）对隐患和错误发出警告；

（3）提供自动预防故障装置；

（4）在需要警示处能够阻止无意识的操作。

6. 尽可能减少体力上的付出（Low Physical Effort）：考虑到不同使用者的身体状况，可以有效而舒适地使用

（1）允许使用者保持中立体位；

（2）操作力度合理；

（3）减少重复性操作；

（4）减少所需的身体承受力。

7. 提供足够的使用空间（Size and Space for Approach and Use）：照顾到各种体型人士及使用辅具的人士的空间需求

（1）保证所有坐着或站着的使用者和重要要素之间无视线干扰；

（2）保证所有内容对所有坐着或站着的使用者舒适可及；

（3）适应不同的手及抓握的尺寸；

（4）为辅具的使用及辅助人提供适当的空间。

此外，其他的地区或机构也提出了一些类似的理念，比如包容性设计（Inclusive Design）、为所有人的设计（Design for All）等。

第二章

无障碍环境发展回顾与展望

一、国际和中国无障碍环境发展回顾

无障碍环境建设的历史与发展趋势是由社会观念的变化带动的。尽管在过去几十年里，城市无障碍环境已经发生了本质的变化，但在人类不断提升的人道理想的指引下，整个社会还在不断反思，观念仍在变化。对于"无障碍"的理解也在变化。到今天，建设无障碍环境应被视为社会的必要责任，而不是照顾和慈善。

20世纪30年代开始，北欧国家开始提供服务于残疾人的专用设施，之后以逐渐完善和强化的立法为依据，各国的城市和建筑均对无障碍设施的建设提出明确的要求，"无障碍"也成为"人性化"的重要方面。至今，世界上大部分国家和地区都发布了无障碍相关的法规与标准，无障碍环境的营建已经成为社会发展和文明程度的重要标志。

中国的无障碍环境建设，是由无障碍设计的标准制定开始的，逐步完善建造、管理和监督等领域的无障碍环境建设工作。纵览近30年来中国的无障碍环境建设，其可划分为3个阶段和层面：（1）国家及各地法律政策体系的建立；（2）无障碍环境建设相关技术标准体系的建立；（3）技术和管理的不断深化、完善和提升。

1989年，中国发布了第一部无障碍设计标准——《方便残疾人使用的城市道路和建筑物设计规范（试行）》，启动了中国无障碍设计的进程。之后，一些大型国际活动的开展和政府的推动，促进了中国无障碍环境建设水平的提升。2012年，中国发布了《无障碍设计规范》国家标准，进一步明确了无障碍设计在建筑设计中的重要性。同年，国务院发布了《无障碍环境建设条例》，明确了依法开展无障碍环境建设是政府责任和社会义务。之后住建、交通、电信、旅游等各个行业领域都以无障碍标准规范的制定来推动无障碍环境的建设。因此进入21世纪之后，中国的无障碍环境建设有着明确的法律依据和相关领域的技术支持。

随着无障碍环境建设整体理念的发展和经济技术的进步，无障碍环境将由单纯地提供轮椅坡道、无障碍卫生间等无障碍设施，发展到系统化的环境；由只服务于残疾人，发展到兼顾老年人、儿童等有需要人群的通用性设计；由千篇一律、引用标准图的设计，发展到精细化设计。管理也将倡导包括规划、建设、验收、评估、监督、维护的全过程的方式。技术飞速发展的信息交流无障碍作为无障碍环境的重要组成部分，将和硬件的无障碍设施、软件的无障碍服务共同构成更加包容适用的无障碍环境。"无障碍"将作为可持续环境的重要组成部分和人性化的重要标志，秉持着强制性和导向性相结合的原则，受到越来越多的重视。

（一）国际无障碍环境发展回顾

1. 理念

20 世纪，"无障碍"经历了由概念的提出到成为世界性的普适理念的过程。随着对于"残疾"的理解从个体型残疾向社会型残疾的转变，无障碍环境的目标也从满足基本的生活功能发展到促进"残疾人的社会融合"[①]。

理解"无障碍环境"需重点抓住以下 3 个基本理念视角：

（1）怎么理解残疾，即残疾观。世界卫生组织于 1980 年发布的《国际缺陷、残疾和障碍分类》(*International Classification of Impairments Disabilities, and Handicaps*，ICIDH) 依据"疾病的后果"进行分类，由"残损"（Impairment）引起"残疾"（Disability），再引起"残障"（Handicap）。1993 年，WHO（世界卫生组织）开始组织制定并逐步修订该文件的第二版，2001 年 10 月发布最终版本。英文全称改为 *International Classification of Functioning, Disability and Health*，中文译名为《国际功能、残疾和健康分类》（简称为"国际功能分类"，ICF）。

参与 ICF 中文版编译工作的邱卓英博士认为："ICF 建立在一种残疾性的社会模式基础上，它从残疾人融入社会的角度出发，将残疾性作为一种社会性问题，残疾性不仅是个人的特性，也是由社会环境形成的一种复合状态。因此，对残疾问题的管理要求有社会行动，强调社会集体行动，要求改造环境以使残疾人充分参与社会生活的各个方面。因此，这种问题是一种态度或意

---

① 根据欧盟 2003 年关于社会融合的联合报告 (*The EU Commission Joint Report on Social Inclusion*)，社会融合的内涵主要是指确保背负相关风险或遭受社会排斥的群体能够全面参与社会生活，享有平等的机会和福利，为其更多参与生活和决策提供保证。

识形态的问题,要求社会发生变化。从政治层次而言,这是一个人权问题。"[①]

从名称即可看出,ICF 对于残疾的理解,由 ICIDH 单方向的,由"病"至"残"至"障",强调个体性的因果,转化为身体与功能的关系,残疾性与社会的关系这样的角度去理解残疾。在身体与功能的关系方面,将功能分为三种:身体功能和结构(Body Functions and Structure)、活动(Activity)、参与(Participation)。由此我们可以得出这样的结论,所谓"障碍"是身体和功能相对应的结果,而不是个体身体情况必然产生的结果,外在环境因素也是造成障碍的重要条件。

(2)残疾人是社会发展的参与者,也应该是获益者,应当全社会一起努力促进实现其参与社会事务的机会均等。在实体环境、信息环境以及体制安排上,尽量排除所有社会因素障碍以保证所有残疾人能够充分参与其中。同时伴随着"自我意识"的张扬,通过无障碍环境来保障残疾人自主生活、自主参与社会就显得更加重要。20 世纪 60 年代美国残疾人发起"独立生活运动",残疾人要求掌握自己生活方式的"主权",呼吁全社会关注消除障碍。之后,社会和权利模式残疾观逐渐在国际社会形成共识,提升残疾人的社会参与感成为无障碍环境建设的重要目标。

(3)"无障碍"概念最初是在"建筑设计"领域提出的,到今天向"通用设计"理念发展,也是由设计带动的。

20 世纪中叶以来,各国的建筑行业均对无障碍设计提出明确的要求,无障碍设计也成为人性化设计的重要方面。至今世界上已有 100 多个国家和地区发布了无障碍设计法规与标准。

从 20 世纪 80 年代开始,随着社会融合观念的深化,技术和经济的发展,特别是随着很多国家进入老龄社会,单独服务于残疾人的无障碍环境已不是社会融合的最佳现实解决方案,而且带来一定程度的资源浪费。于是,在无障碍设计基础上,20 世纪 90 年代出现了通用设计理念。通用设计理念致力于打造适合所有人使用方便的环境或产品设计,在工业和产品设计领域已经取得了丰硕的成果,在城市和建筑设计领域还处于开拓期,一方面需要理念的普及,另一方面需要做大量的研究和设计工作。尽管难度比较大,但通用设

[①] 邱卓英. 国际功能、残疾和健康分类研究总论[J]. 中国康复理论与实践,2003,9(01):2-5.

计也给设计怎样更加"人性化"指出了发展方向。

（4）无障碍环境建设是可持续发展的一个重要组成部分。《2030年可持续发展议程》提出："到2030年，向所有人，特别是妇女、儿童、老年人和残疾人，普遍提供安全、包容、无障碍、绿色的公共空间。"①

2.立法

现在国际上的大部分国家都已经通过立法及政策制度的形式，明确残疾人和老年人享有的政治、经济、文化、社会等方面的权利，为无障碍环境建设提供了法律保障。

从国际组织和各国来看，残疾人事务带动了无障碍环境建设的兴起和发展。

联合国一直非常重视残疾人事务，在联合国网站上有这样一段话："由于精神的、身体的和感觉上的损伤，世界上有5亿多的人患有残疾。无论他们生活在世界上的什么地方，他们的生活常常由于身体上的或社会上的障碍而受到限制。而其中大约80%的残疾人生活在发展中国家。"

由于生理、心理和社会方面的障碍，残疾人往往不能平等地享受政治、经济、社会和文化等权利，因此联合国将残疾人相关事务作为人权工作的重要组成部分。1974年联合国召开了"残疾人生活环境专家会议"，此后于1976年国际标准化机构ISO提出"考虑残疾人需要的一般规格标准化系列"指导性文件，同年联合国在瑞士日内瓦再次召开专家会议，明确提出去除城市和社会的实体障碍和社会障碍。1982年联合国大会通过《关于残疾人的世界行动纲领》，并宣布1983年至1992年为联合国残疾人十年，其间将每年组织会议审议残疾人问题，督促成员国建立协调中心或全国委员会跟踪和评价实施"纲领"的情况，为促进各国之间的技术交流与合作成立了专门的支持机构，提供各种服务。1993年联合国大会通过《残疾人机会均等标准规则》，其中第5条考虑了关于获得自然环境和信息与通信设施的无障碍环境。在上述两个文件的基础上，2006年联合国大会通过《残疾人权利国际公约》。经过30多年的不懈努力，针对新的形势，2018年，联合国残障者无障碍指导委员会在纽约联合国总部成立。表2-1为联合国残疾人事务主要相关文件。

---

① https://www.un.org/chinese/esa/social/disabled/accessibility.htm。

表 2-1　联合国残疾人事务主要相关文件

时间	文件名称（中文）	文件名称（英文）
1969 年	《禁止一切无视残疾人的社会条件的决议》	
1972 年	《智力迟钝者权力宣言》	Declaration on Rights of Mentally Retarded Persons
1975 年	《残疾人权力宣言》	Declaration on Rights of Disabled Persons
1982 年	《关于残疾人的世界行动纲领》	World Programme of Action Concerning Disabled Persons
1989 年	《塔林残疾领域人力资源开发行动方针》	Tallinn Guidelines for Action on Human Resources Development in the Field of Disability
1992 年	《保护精神病患者和改善精神保健的原则》	The Protection of Persons with Mental Illness and Improvement of Mental Health Care
1993 年	《残疾人机会均等标准规则》	Standard Rules on the Equalization of Opportunities for Persons with Disabilities
1994 年	《萨拉曼卡宣言》	The Salamanca Statement and Framework for Action on Special Needs Education
1995 年	《哥本哈根社会发展问题宣言》	Report of World Summit for Social Development, Copenhagen
2006 年	《残疾人权利公约》	Convention on the Rights of Persons with Disabilities
2006 年	《儿童权利公约——残疾儿童的权利》	General Comment No.9(2006)The Rights of Children with Disabilities
2011 年	《世界残疾报告》	World Report on Disability
2011 年	《社区康复指南》	Community-based Rehabilitation: CBR Guidelines
2012 年	为亚洲及太平洋残疾人缔造一个包容的、无障碍的和以权利为本的社会，即《琵琶湖千年行动纲要》	The Biwako Millennium Framework for Action and Biwako Plus Five Towards an Inclusive, Barrier-free and Rights-based Society for Persons with Disabilities in Asia and the Pacific
2012 年	《亚洲及太平洋残疾"切实享有权利"仁川战略》	Report of the High-level Intergovernmental Meeting on the Final Review of the Implementation of the Asian and Pacific Decade of Disabled Persons
2012 年	《关于为残疾人实现千年发展目标和其他国际商定发展目标的大会高级别会议》	High-level Meeting of General Assembly on the Realization of the Millennium Development Goals and Other Internationally Agreed Development Goals for Persons with Disabilities
2016 年	《残疾人参与人道主义章程》	Inclusion of Persons with Disabilities in Humanitarian Action
2020 年	《2019 新冠暴发期间的残疾人士考量措施》	Disability Considerations During the COVID-19 Outbreak

从 1957 年成立的欧洲共同体，到 1993 年成立的欧盟，一方面积极和联合国合作，推动各成员国残疾人政策的落实；另一方面，在民间残疾人组织的呼吁和努力下，以就业问题为先导，推出一系列以提倡和鼓励性为主的残疾人政策。1974 年提出了"残障者职业与社会融合"计划，首次提出了欧共体残疾人政策的社会性目标：必须有助于残疾人能够过上正常自立的生活并充分融入社会。1986 年提出的"欧共体残疾人就业建议"中，指出了无障碍环境建设的必要性。1997 年欧盟理事会公布的《阿姆斯特丹条约》中，反歧视条约明确反对基于残疾的歧视，成为欧盟残疾人政策制定的"基本法"。随后的欧盟理事会"反歧视决议"进一步明确规定了残疾人的权利平等。2000 年的"基本权利宪章"进一步提出支持和促进社会融合。

至今，世界主要国家和地区都已经建立了关于残疾人的保障性立法，表 2-2 列举了英国、美国、德国、日本的情况。

表 2-2　发达国家建筑领域无障碍设施建设相关法规体系对比

国家	法律		建筑领域的强制性技术准则	建筑领域的一般性标准
	基础立法	法规		
英国	《残疾人歧视法令》（DDA）；《平等法案 2010》（Equality Act 2010）；《建筑法》（Building Act 1984）	《建筑法规》（building regulations 2010）	《批准文件 M：建筑的可达与使用》（Access to and Use of Buildings: Approved Document M）	BS 系列（非强制性）：BS8300
美国	《美国残疾人法案》（Americans with Disabilities Act）；《康复法案》（Rehabilitation Act）		《残疾人法案无障碍设计标准》（2010 ADA Standards for Accessible Design）（全国强制，新建、改建的国家及地方政府设施，以及公共建筑与商业建筑设施均需遵守）；配套的导则《残疾人法案无障碍设计标准的导则》（Guidance on the 2010 ADA Standards for Accessible Design）	各个州指定的地方无障碍技术规程
德国	《残疾人保障法》《残疾人平等法》	《柏林建筑条例》	德国国家标准 DIN 18040（三个部分）	
日本	《残疾人基本法》	《无障碍新法》《残疾人差别消除法》《通用设计政策纲领》等	《促进老年人、残疾人的移动无障碍化建筑设计标准》：强制性部分	《促进老年人、残疾人的移动无障碍化建筑设计标准》：推荐性部分；国土交通省的建筑设计标准，《与长寿社会相适应的住宅设计标准》

在老年人权益保障方面，从国际和区域看，老年人权益保障体现在国际性和区域性的人权公约中。发达国家也都建立了较完善的老年人权益保障法律制度。例如，作为亚洲第一个老龄化国家，在日本由《国民年金法》《老年人保健法》《老年人福利法》和《介护保险法》等共同构成了老年人社会保障法律。

在残疾人和老年人保障性立法的基础上，出现了专门针对无障碍环境建设的法规标准。1959年，欧洲议会通过了《方便残疾人使用的公共建筑物设计及建设的决议》。1961年，美国国家标准协会（ANSI）制定了第一个无障碍设计标准，并通过法案的形式，使得无障碍环境建设的某些方面具有强制性。

之后，专门针对无障碍环境建设的法规标准在世界各主要发达国家内形成体系，除了制定强制性的无障碍环境建设法规外，还通过建筑准入制度、地方自定法规、技术标准、导则等措施来共同保障无障碍环境的建设。尤其在市政、建筑、交通、信息交流等领域制定和完善各自的无障碍技术法规和标准，并形成有效的鼓励与监督机制。以建筑领域无障碍设施建设为例，从表2-2可以看出其立法系统的层级和完整性。

3.实践

随着对"环境"的定义的扩展，人类社会人权理念的进步，对"环境"与"人"的关系的理解经历了历史上最快速的发展。不到100年间，发达国家和地区的无障碍环境建设取得了很大的成就。通过社会各方的合力，推动了无障碍环境在研究、立法、城市建设、工业产品、生活服务等方面的全面发展和良性互动，最终呈现出一个比较包容、安全、友好的社会环境。

以东京为例，截止到2014年3月，地铁车辆中的60%、地铁车站（日均客流量超过3000人）的83%、公交巴士车站的82%完成了无障碍设施的建设；48%的公交巴士是低地板公交车或安装了自动升降台；近14000辆出租车做到了通用设计，占总数近30%。[①]

世界各国半个多世纪以来无障碍环境建设的发展经验如下：

---

① 官晓东，高桥仪平.日本无障碍环境建设理念及推进机制分析[J].北京理工大学学报（社会科学版），2018，20（02）：168-172.

（1）以与时俱进、清晰完善的法律法规和技术标准体系制定规则。

无障碍环境建设是一个底线性的人权保障的要求，这是世界各国逐渐形成的共识，因此发达国家和地区的无障碍环境建设发展均是以具备法律约束效能的法规和条例为"起跳点"，制定涵盖"不同尺度"要求的法律法规和技术标准体系。这里需要指出的是，这个底线划在哪儿，是与时俱进的，从总体趋势看是在不断提高的。

（2）以目标清晰的规划带动实施。

各国在法律法规的基础上，大多制定了专门性的规划，以有效指导具体实施。例如日本在 20 世纪 80 年代发布了《长寿社会对策大纲》，在 20 世纪 90 年代发布了《方便老年人和残疾人的城镇建设规划》专项规划，2017 年发布了《通用设计 2020 行动计划》。新加坡从 2006 年开始推行为期 10 年的无障碍总体规划。在专项性规划的指导下，由"点状"的无障碍设施建设，逐渐发展到成系统的无障碍环境建设，在这一点上，大部分国家和地区是从公共建筑和公共交通着手的。

（3）以鼓励社会团体的参与进行监督。

大多数发达国家和地区将无障碍环境建设看作政府责无旁贷的职责，同时在工作实施中，广泛吸纳社会团体参与，尤其残疾人组织的参与，他们从代表和维护残疾人和老年人的利益出发，通过合法手段推动和监督无障碍环境的建设，改善残疾人和老年人的生存环境。例如在法国，法律规定国会制定或修改有关残疾人保障的法律法规必须听取残疾人协会的意见，否则不能通过。

（4）以宣传和教育提升全社会的理念认同。

社会的理念认同是实现无障碍环境建设的重要基础和前提条件。联合国通过设立国际残疾人年、国际残疾人日的方式持续进行宣传，每年的 12 月 3 日国际残疾人日都设立一个主题，给各国政府、非政府和私人部门的参与提供平台，举行论坛，进行公开讨论和信息交流。各国也结合自己的文化和政治制度开展全方位的宣传，让民众倾听残疾人的声音，同时在数量众多的相关学科中增加无障碍课程，在公共性服务领域增加关于无障碍服务的人员培训。

（5）以信息交流无障碍环境建设消除感知障碍。

在过去的半个世纪，无障碍信息交流可以说经历了由无到有的过程。

1993年联合国的《残疾人机会均等标准规则》，提到应采取措施实现信息和交流方面的无障碍原则。1998年美国《康复法》中508的条款，专门针对电子和信息技术提出联邦政府的无障碍要求，并给出技术标准的架构。其他发达国家则更多以民间组织机构的形式推进信息辅助技术和辅助产品的研发与应用。进入21世纪以来，跟随整个社会信息化的大潮，无障碍信息交流的平台、产品日益普及并快速地推陈出新。

总之，经过几十年的发展，通过无障碍环境的建设扩大了残疾人和老年人的生活能力及范围，促进了社会的可持续发展。目前，世界各国的无障碍环境建设正向更加适用、系统和包容努力。无障碍环境建设的服务对象，由单纯的残疾人扩展到全体社会成员。服务对象的扩展并不意味着残疾人不再被重视，而是之前被认为只服务于残疾人的"特殊性"措施，成为一种"普适性"措施，拓展了无障碍环境的服务范围，增强了社会融合。

但我们也要看到，发达国家和地区的无障碍环境是在一个足够长的时间段内，有足够的经济实力作为保障，全民共同参与，各方务实理性的工作才达到的现状成就，不是一蹴而就的，而且仍然是不完美的。

（二）中国无障碍环境发展的成就和经验

根据统计数据[1]，截至2010年底，中国残疾人总人数约为8502万人，其中重度残疾2518万人，中度和轻度残疾人5984万人。[2]

中国的残疾人事业"由改革开放初期以救济为主的社会福利工作，逐步发展成为包括康复、教育、就业、扶贫、社会保障、维权、文化、体育、无障碍环境建设、残疾预防等领域的综合性社会事业"[3]。无障碍环境建设是中国残疾人事业的重要组成部分。

自1991年发布实施《中华人民共和国残疾人保障法》并制定实施《中国

---

[1] http://www.cdpf.org.cn/sjzx/cjrgk/201206/t20120626_387581.shtml.
[2] 根据第六次全国人口普查我国总人口数，及第二次全国残疾人抽样调查我国残疾人占全国总人口的比例和各类残疾人占残疾人总人数的比例，推算2010年末我国残疾人总人数8502万人。各类残疾人的人数分别为：视力残疾1263万人；听力残疾2054万人；言语残疾130万人；肢体残疾2472万人；智力残疾568万人；精神残疾629万人；多重残疾1386万人。各残疾等级人数分别为：重度残疾2518万人；中度和轻度残疾人5984万人。
[3] 中华人民共和国国务院新闻办公室：平等、参与、共享：新中国残疾人权益保障70年．2019年7月26日人民日报第017版．

残疾人事业"八五"计划纲要（1991—1995年）》以来，由无障碍设施建设起步，在政府的推动下，中国的无障碍环境经历了从无到有、从点到面、逐步规范和提高的过程，取得了显著的成绩。

中国在无障碍环境建设方面的成就和经验主要有以下几个方面：

1. 比较完善的法制和管理体系

国家政策层面：随着残疾人事业融入国家发展战略，自1991年开始，残疾人事业被纳入国民经济和社会发展总体规划，国务院先后发布过7个残疾人事业五年发展规划，从政策的层面对中国的无障碍环境建设提出了纲领性的要求。

立法层面：1991年发布、2008年修订的《中华人民共和国残疾人保障法》的第七章即为"无障碍环境"，包括七条法律条文，从宏观层面上对无障碍环境建设提出了要求。以这部基本法案为基础，2012年，国务院发布了《无障碍环境建设条例》，为无障碍环境建设提供了更加具体的法规层面的依据。

为保证法规的实施，截至2018年，全国省、地（市）、县共制定无障碍环境与管理的法规、规章等规范性文件475部[①]。同时很多相关部委陆续出台的法律法规和政策中都增加了与无障碍环境相关的内容要求，对中国的无障碍环境发展起到了指导和推动作用。

制度层面：由于无障碍环境的多专业、多部门的特点，住建部、工信部、民政部、发改委、中国残联、全国老龄办等部委共同领导全国的无障碍环境建设，而省市地方往往采取"无障碍联席会议"的制度，形成工作合力，推动建设的实施和问题的解决。

技术法规层面：中国的无障碍设施环境建设的相关技术法规比较全面，经过30多年逐步形成了由强制性标准、国家标准、行业标准、地方标准、标准图集、技术导则、建设指南等不同层级标准构成的较为完备的无障碍领域的工程建设标准体系，共同支撑了全社会无障碍设施环境建设。

1989年4月，中国第一部无障碍环境建设方面的规范《方便残疾人使用的城市道路和建筑物设计规范（试行）》正式发布，标志着中国无障碍环境建设从此开始走上技术标准指导的正轨。2001年，全国范围内实施了第一部无

---

① 中华人民共和国国务院新闻办公室：平等、参与、共享：新中国残疾人权益保障70年．2019年7月26日人民日报第017版．

障行业标准《城市道路和建筑物无障碍设计规范》。2011—2012年，住建部发布了国家标准《无障碍设计规范》《无障碍设施施工验收及维护规范》等国家标准，全国省、市、县逐步制定了细化的技术标准，并配套了相关的管理法规、规章等规范性文件。

除了城市建设领域，交通运输管理部门在客运枢纽、高速公路服务区、客运码头、地铁站等交通基础设施以及城市公共汽车、公共电车、地铁等交通工具的技术标准中增加了无障碍要求。

民航、铁路、工业和信息化、教育、金融等主管部门分别制定实施了民用机场旅客航站区、铁路旅客车站、网站及通信终端设备、特殊教育学校、银行等行业无障碍环境建设标准规范。

中国的无障碍信息交流环境建设的标准体系也在逐渐完善，尤其在"十三五"期间发展迅速，发布了《标志用公共信息图形符号 第9部分：无障碍设施符号》《无障碍信息交流 通信终端设备无障碍设计原则》《中国盲文》《公共信息导向系统 基于无障碍需求的设计与设置原则》《信息技术 互联网内容无障碍可访问性技术要求与测试方法》《信息技术 包括老年人和残疾人的所有用户可访问的图标和符号设计指南》《信息技术 用于老年人和残疾人的办公设备可访问性指南》《老年人、残疾人康复服务信息规范》等国家标准。

2. 从无障碍设施建设起步，向更广和更深入的方向发展

自20世纪80年代初开始，中国的大城市和乡镇逐步开展无障碍设施的建设。根据2019年底发布的《残疾人蓝皮书：中国残疾人事业发展报告（2019）》总结，和无障碍建设相关的国家现行法规有66个，省、市、县级无障碍建设与管理法规规章从2012年的438个增加到2018年的475个；2018年全国无障碍改造残疾人家庭93万户，其中贫困重度残疾人家庭13万户。2016年、2017年、2018年，全国残疾人家庭无障碍改造惠及的残疾人数分别占全国残疾人数的3.21%、2.84%、3.55%；全国村（社区）综合服务设施中已有75%的出入口、40%的服务柜台、30%的厕所进行了无障碍建设和改造。[1]

---

[1] 孙友然，凌亢，白先春.残疾人蓝皮书：中国残疾人事业发展报告（2019）[J].现代特殊教育，2020，02：55-59.

住建部、民政部、中国残联、全国老龄办联合开展的创建全国无障碍设施建设示范城市（县、村镇）工作，通过20年的持续推进，极大地推动了无障碍设施建设由大城市向中小城市、村镇的普及。"十五"期间，表彰了12个全国无障碍设施建设示范城市，28个全国无障碍设施环境建设先进城市；"十一五"期间，扩展到100个城市；"十二五"期间，表彰了50个全国无障碍设施环境建设示范市县，143个全国无障碍设施环境建设创建市县；"十三五"期间，由"无障碍设施建设"的示范，提升至"无障碍环境达标"，表彰了72个"创建全国无障碍环境示范市县村镇"，表彰了74个"创建全国无障碍环境达标市县村镇"，标志着无障碍环境建设在全国已经全面铺开，并取得了巨大的成效。通过20年持续的创建活动，不但城市无障碍设施建设的范围、数量、质量得到提升，民众的无障碍意识增强，电视、网络、智慧服务等方面的无障碍信息交流也得以普及，社会提供的人性化的无障碍服务也越来越多。

2015年2月，住建部、民政部、中国残联等部门发布了《关于加强村镇无障碍环境建设的指导意见》，推进无障碍环境建设由城市逐步向农村发展。同时政府加快了残疾人家庭无障碍改造进度，2016—2018年共有298.6万户残疾人家庭得到无障碍改造。①

重点领域无障碍环境建设得到积极推进，例如，交通运输部会同住房城乡建设部、中国残联、全国老龄办等6部门联合印发《关于进一步加强和改善老年人残疾人出行服务的实施意见》，明确到2020年，我国的火车站、汽车站等客运站将实现老年人、残疾人无障碍设施全覆盖。

3. 发挥大型国际活动、重要体育赛事的示范引领作用，提升无障碍环境建设的品质

2007年在上海举办的"世界夏季特殊奥林匹克运动会"提出打造全方位无障碍环境。从机场到赛场驻地，为1万多名参会的来宾提供了硬件设施和软件服务相结合的无障碍体验。

2008年北京奥运会和残奥会的无障碍环境建设不但满足赛事的需要，而且将主办城市北京的整体无障碍环境建设提到了一个新的高度。据2007年12

---

① 中华人民共和国国务院新闻办公室：平等、参与、共享：新中国残疾人权益保障70年．2019年7月26日人民日报第017版．

月的奥运官网报道，北京市共配备275辆无障碍公交车，对两个大型公交枢纽、46个地铁车站进行了无障碍改造。北京火车站、西客站改造无障碍厕所9处、无障碍电梯11部，设置低位售票窗口4个。对40多家三星级以上奥运接待宾馆、饭店和23家奥运签约医院进行了无障碍改造。新建、改造无障碍公厕1500多座，大中型商场、超市54个。故宫、八达岭长城等游览古迹也进行了无障碍设施改造。之后，2010年广州市亚洲残疾人运动会、上海世博会等大型国际活动均将无障碍环境作为重要考虑的内容。

为认真落实北京申办2022年冬奥会和冬残奥会时有关无障碍环境的承诺，科学推动、具体指导筹办工作中涉及无障碍设施和服务的相关任务，北京冬奥组委组织编制了《北京2022年冬奥会和冬残奥会无障碍指南》。笔者主持了此指南的编制工作。指南的编制全面落实中国政府绿色、共享、开放、廉洁的办奥理念，遵循"公平、尊严和适用"的基本原则，以安全性为首要出发点，体现通用性设计理念，完善无障碍细节要求，同时适应本国特点，加强了无障碍信息交流、服务无障碍等薄弱环节，特别是突出无障碍环境的系统性、连贯性，促进形成闭合的无障碍环境。指南共分为10章，包括总则、技术规范、信息无障碍、冬奥会和冬残奥会场馆、酒店/冬奥会和冬残奥会运动员村及其他住宿设施、城市无障碍设施、无障碍交通、社会环境与服务、无障碍培训、冬奥会和冬残奥会相关业务领域运行的无障碍要点等内容，既提出了原则要求，也提供了翔实准确的参数、图例和服务内容。北京冬奥组委与北京市、张家口市紧密合作，严格按照指南的标准和要求，推动赛区及主办城市无障碍环境建设，确保赛时所有利益相关方都能够获得高质量的无障碍参与体验。在此基础上，通过建设高标准、无障碍和包容性的冬奥环境，形成一套具有"基准"意义、系统性的无障碍标准，为赛后持久、可持续利用留下宝贵遗产，为推动提升中国的无障碍环境水平做出应有贡献。

（三）中国无障碍环境发展问题

在《中华人民共和国国民经济和社会发展第十四个五年规划和2035年远景目标纲要》（以下简称《"十四五"规划和2035年远景目标纲要》）中提出：我国发展不平衡不充分问题仍然突出，重点领域关键环节改革任务仍然艰巨，创新能力不适应高质量发展要求，农业基础还不稳固，城乡区域发展和收入分配差距较大，生态环保任重道远，民生保障存在短板，社会治理还有弱项。

这些问题中，既有影响无障碍环境建设的条件，也有需要无障碍环境建设参与才能解决的问题。

从20世纪80年代末至今的30多年间，中国无障碍环境建设取得了长足的进步，在国家和地方各级政府的领导下，形成了法律法规保障、技术标准带动、重点项目示范表率的良性发展模式。

但是，中国无障碍环境建设在社会理念、技术水平、监督保障制度、系统性与精细化设计、部品产品等方面和发达国家相比还存在一定的差距，还没有满足人们对于人性化和包容性环境的期望。

2012年，国务院发布《无障碍环境建设条例》后，国务院法制办负责人就该条例的有关问题回答记者的提问时说："我国的无障碍环境建设水平有了很大提高，但也存在一些亟待解决的问题：一是无障碍设施建设有待加强，特别是无障碍设施改造力度需要进一步加大；二是无障碍信息交流建设滞后；三是无障碍社区服务水平亟待提高。这些问题都需要从法律制度层面加以解决。"[1]

经过近10年的建设，这些问题虽然得到不同程度的改善，但仍面临突出问题，《"十四五"残疾人保障和发展规划》中提出当前残疾人保障和发展仍面临的突出问题是："一是残疾人返贫致贫风险高，相当数量的低收入残疾人家庭生活还比较困难；二是残疾人社会保障水平和就业质量还不高，残疾人家庭人均收入与社会平均水平相比还存在不小差距；三是残疾人公共服务总量不足、分布不均衡、质量效益还不高，残疾人就学就医、康复照护、无障碍等多样化需求还没有得到满足；四是残疾人平等权利还没有得到充分实现，歧视残疾人、侵害残疾人权益的现象还时有发生；五是残疾人事业仍然是经济社会发展的短板，欠发达地区、农村和基层为残疾人服务的能力尤其薄弱。"这些都和无障碍环境建设的发展息息相关，也为无障碍环境建设的发展提出了关键问题。

可以说，当下，无障碍环境的系统性、通用性和精细化仍然是不足的。尤其在很多已建成的公共环境中，无障碍设施建设不系统、不完善，不能真

---

[1] http://www.gov.cn/gzdt/2012-07/10/content_2179872.htm.

正满足包括残疾人、老年人在内的社会人士平等参与社会公共生活的需求。

此外,无障碍的部品产品的设计研发与配置严重不足,没有形成完整的产业链,没有建立严格的标准体系,很多部品产品依赖进口,家具居家部品、智慧无障碍部品和产品、介助和介护产品等方面也均有很大的提升空间。

中国无障碍环境发展的问题体现在以下几个方面:

1. 全社会无障碍意识虽有进步,仍存在误区

如果说法律法规是强制性的,社会的无障碍意识则是自发性的。消除残疾人和健全人之间的心理障碍,建立无障碍公共意识,是无障碍环境建设能够持续推进的保障。

必须看到,中国社会的传统文化中有落后的认识,认为残疾人是被照顾、被救济和被怜悯的对象,不重视他们的自尊。残疾人的社会性隔离长期存在,甚至对于他们的社会排斥也屡见不鲜。由此导致残疾人融入社会的努力困难重重,得不到理解,甚至招致冷嘲热讽。

现阶段全社会的"无障碍意识"还未完备,某些传统沿袭下来的看法和做法已不适用于新时代无障碍环境建设的要求,需要与时俱进地进行调整。例如,受中国农耕时期等级制度、风水等因素的影响,以将建筑抬高的方式来象征着身份和地位,由此建筑入口的"大台阶"成为等级的符号,这种"台阶文化"给残疾人和老年人进入建筑物带来障碍,已不适应现当代的社会主流价值观。

如何在无障碍环境建设工作中避免居高临下的心态和姿态,在人格平等的基础上倾听残疾人和老年人的需求,需要有计划有步骤地加强沟通、对话、宣传、讲解,建立感同身受的体会,将对无障碍环境的理解由单向的照顾变为社会的基础,由服务特殊群体变为服务全体社会成员。

2. 现有的法律法规的落地性不足

虽然中国现有的与无障碍环境建设相关的法律、法规体系比较完善,但在可操作性方面还存在一定不足。首先,在现有的法律法规中,一些规定过于原则,缺乏具体的细化条款,关于管理、监督、维护的责任,以及责罚的机制规定含混。例如,在无障碍信息交流环境建设方面,《中华人民共和国残疾人保障法》和《无障碍环境建设条例》中有"采取措施为残疾人信息交流无障碍创造条件""推进信息和交流无障碍建设"等原则性的要求,但对于采

取什么措施、如何创造条件、有何推进机制，缺乏完善而具体的实施细则。其次，法律法规的执行缺乏有效的反馈和监管机制，具体无障碍环境的法律责任主体不明确，造成无障碍环境的缺损无法得到及时的修补，有时甚至直到造成人身伤害了，才暴露出长期存在的问题。而且，当残疾人的无障碍权益遭受侵害时，他们往往向残联等有关组织寻求行政帮助，难以得到司法救济。

3. 无障碍环境建设的系统性和通用性缺陷普遍存在

系统性是无障碍环境建设的重要原则。无障碍环境建设涉及市政建设、公共交通、公共建筑、信息交流、社区服务等诸多领域，是一项综合性的系统工程。无障碍设施只有形成有效的系统，才能真正发挥作用。不但一个项目中设置的无障碍设施之间应保证系统性，新建的无障碍设施和与其衔接的无障碍设施之间也应保证系统性。

虽然近些年中国的无障碍环境建设在逐渐由点及面，然而，不系统仍是普遍存在的问题。比如，市政人行道与建筑场地的衔接处"有障碍"；从居家社区到出行交通再到公共建筑"有障碍"；硬件设施虽然日臻完善，但是购票、取钱、取号等越来越智慧化的服务"有障碍"。

包容的无障碍是社会可持续发展的一个重要分支，而通用性即是更加包容，无障碍环境建设理念已经从以残疾人为主要服务对象，发展到同时照顾到包括老年人在内的大部分社会人群的通用性的阶段，但这一理念在中国的无障碍环境建设中刚刚具备推行的条件。

前一阶段的无障碍环境建设在通用性方面做得不够，经常将残疾人专用的无障碍设施与健全人使用的设施分别设置，造成了使用时的隔离感；有些无障碍设施会和其他设施的使用造成一定的冲突，例如，在狭窄的人行道上铺设行进盲道可能造成轮椅使用的不便；一些设施或产品的应用人群过窄。[1]而提高无障碍环境的通用性是解决上述问题的途径。

4. 家庭无障碍改造、农村无障碍环境建设较为滞后

残疾人和老年人家庭的无障碍改造，关系到残疾人和老年人基本的起居生活品质，近些年日益引起关注。虽然，政府十分重视推进此项工作，2011

---

[1] 焦舰.中国由无障碍设计向通用设计发展的趋势分析[J].世界建筑，2019（10）：10-14+124.

年至 2014 年，全国共对 52.8 万残疾人家庭进行了无障碍改造，但仍面临着巨大的任务需要一步步完成。2018 年，全国政协委员薄绍晔先生对此指出两点突出问题：一是改造工作进展缓慢，全国有 354 万贫困重度残疾人家庭需进行无障碍改造，但目前每年的改造量仅有 13 万户左右；二是改造内容和水平不高，由于受资金等限制，现有无障碍改造内容还仅限于修建坡道、加装扶手等简单改造，提高改善残疾人基本生活质量和水平的卫生和生活设施还不普遍。①

中国城乡发展的不均衡也体现在了无障碍环境建设中，广大农村地区及经济欠发达地区的无障碍环境建设仍相对落后。2018 年，全国政协常委王天戈提到，我国农村无障碍设施建设尚未系统开展，家庭无障碍改造也刚刚起步。与城市残疾人家庭无障碍设施改造相比，农村只是进行较简单的如门口坡化、土炕、灶台高度调整和庭院平整等项目。脱贫攻坚背景下的农村无障碍环境建设，从政策、规划、投资到宣传、建设、监管等诸多环节都有短板。②

5. 无障碍环境建设发展不平衡

根据 2017 年中消协联合中国残联发布的《2017 年百城无障碍设施调查体验报告》，医疗卫生单位、交通运输和政府服务消费者窗口三类场所的无障碍设施普及率相对较高，分别达到了 67.4%、49.8% 和 44.5%；电商自提网点、餐饮住宿、商业中心普及率排名后三位，分别为 33.3%、31.7% 和 31.2%。③可以看出，同样是生活服务业，不同具体行业的无障碍设施普及率差别较大。

由于重视程度不同，面向老年人、残疾人的专门性的服务机构无障碍设施普及率较高，一般社会性的公共服务机构无障碍设施普及率相对较低。

无论从满足需求来说，还是产业带动来说，当前中国无障碍产品、部品、技术措施的研发、生产、使用明显滞后于中国的经济社会发展水平，全社会的研发和应用投入不足，支持力度不够，国内企业对相关产品的原创性不足。

除了上述问题，还普遍存在新建项目与既有项目的无障碍环境建设水平差距较大的问题，尤其在 2012 版国家标准《无障碍设计规范》发布之前建

---

①② https://baijiahao.baidu.com/s?id=1589372308556479719&wfr=spider&for=pc.
③ https://baijiahao.baidu.com/s?id=1586741237418839058&wfr=spider&for=pc.

设的大量项目，无法做到基本达标，亟须列入改造的日程。此外，还存在无障碍技术标准强制性弱，无障碍环境建设全过程重要建设节点控制不足，无障碍设施建设不规范、不美观，无障碍辅助设备水平落后，适老化部品缺乏等问题。

二、国家经济社会发展对无障碍环境的要求

（一）包容无障碍设计理念是可持续发展理念的一部分

可持续发展理念，最初是在20世纪80年代从保护环境与发展经济相协调的角度提出的全球性的发展理念，之后迅速获得世界范围内的广泛认同。可持续发展理念以社会的全面发展为宗旨，从一味追求经济增长、科技进步转向追求与自然和谐的基础上人类整体的幸福。可持续发展模式意味着社会的全方位调整，是一种整合的思想，是包括环境可持续、经济可持续和社会可持续的完整的系统。

社会可持续发展的基本内涵主要包括以下几个方面：第一，满足人类的基本需要和理性提升需要，提倡适度消费和文明的生活方式。第二，以人的全面发展为宗旨，合理规划人口数量和人口结构。第三，致力于消除贫困与资源分配不公，致力于公平和发展的统一。第四，对于人的生活方式、精神心理与价值系统的进化给予关注。包容无障碍设计理念是社会可持续发展进行细分的一个重要分支，并且对于以上所述四个方面都有所支撑。

把人的发展单向化、简单化为依赖物的发展，是过去百余年不可持续发展现象的根源，随着人的欲望和能力的不断增强，沿袭老路将使人类陷于深刻的生存发展危机之中。所以人的全面发展是需要重点强调的，除了我们理解的传统含义，人的全面发展还包括人与自然和谐相处、与社会发展协调，以及物质欲望的满足与追求精神完满的平衡，这是一个动态向上的过程，有时沿着螺旋形的轨迹。包容无障碍设计理念就是为所有人亲近自然、融入社会、发挥创造力、实现自我价值提供条件，为人的全面发展提供条件。

社会可持续发展是一种系统发展观，其系统性体现在：一是时间的连续性和发展的阶段性；二是与经济发展的联系与整体的协调；三是与保护或恢复生态环境的平衡。要把物质、精神与自然都置入一个动态的系统中，寻求达到整个系统的可持续发展，人从而能够自觉、能动地对自身的

发展进行自我约束和控制，求得与自然的协调。包容无障碍设计理念的实践也要关注这三点，同时需要以人的体验为核心，设施、服务、信息有机结合协同作用。

2016年1月1日，联合国发布的《2030年可持续发展议程》围绕着人类、地球、繁荣、和平四个方面提出了愿景。①

（1）人类。

我们决心消除一切形式和表现的贫困与饥饿，让所有人平等和有尊严地在一个健康的环境中充分发挥自己的潜能。

（2）地球。

我们决心阻止地球的退化，包括以可持续的方式进行消费和生产，管理地球的自然资源，在气候变化问题上立即采取行动，使地球能够满足今世后代的需求。

（3）繁荣。

我们决心让所有的人都过上繁荣和充实的生活，在与自然和谐相处的同时实现经济、社会和技术进步。

（4）和平。

我们决心推动创建没有恐惧与暴力的和平、公正和包容的社会。没有和平，就没有可持续发展；没有可持续发展，就没有和平。

《2030年可持续发展议程》提出，要增强弱势群体的权能，其中包括残疾人、老年人、儿童等，为消除障碍和取消限制进一步提供支持。

围绕这四个愿景，《2030年可持续发展议程》提出了17个可持续发展目标和169个具体目标，其中第17个可持续发展目标中的第11个具体目标是：建设包容、安全、有抵御灾害能力和可持续的城市和人类住区（Make Cities and Human Settlements Inclusive, Safe, Resilient and Sustainable）。有一个具体目标就提出了建设无障碍环境的要求：到2030年，向所有人，特别是妇女、儿童、老年人和残疾人，普遍提供安全、包容和无障碍、绿色和开放的空间（By 2030, Provide Universal Access to Safe, Inclusive and Accessible, Green and Public Space, in Particular for Women and Children, Older Persons and Persons with

---

① https://sustainabledevelopment.un.org/content/documents/94632030%20Agenda_Revised%20Chinese%20translation.pdf.

Disabilities）。

上述要求中文翻译是笔者根据自己的理解调整过的，和官方发布的中文版本有所不同（官方版本为：到2030年，向所有人，特别是妇女、儿童、老年人和残疾人，普遍提供安全、包容、无障碍、绿色的公共空间。笔者认为与英文稍有出入）。

一说到可持续，很多人都觉得这个主题非常宏大抽象。其实可持续就蕴含在一个个具体的工作甚至细节中。包容和无障碍貌似直白，却一点也不简单，有很多问题我们还没有进行扎实的研究。例如，如何理解使用者的多样性、如何建立高效的协同机制、如何和智慧绿色结合、如何鼓励健康的市场、如何进行普及和宣传等，都需要进行深入的研究。

（二）国家上位法律法规、政策的要求

1. 政府从顶层设计层面对无障碍环境建设的要求

从国家到地方，各级政府长期高度重视无障碍环境建设，近5年以来更是加大了关注力度。2016年发布的《国民经济和社会发展"十三五"纲要》中提出"全面推进无障碍设施建设""加强无障碍设施建设和维护""推进老年宜居环境建设"。同年，《国家人权行动计划（2016—2020年）》中提出："全面推进无障碍环境建设。确保新（改、扩）建道路、建筑物和居住区配套建设无障碍设施，推进已建设施无障碍改造。加强政府和公共服务机构网站无障碍改造，推动食品药品信息识别无障碍和影视节目加配字幕、手语，促进电信业务经营者、电子商务企业等为残疾人提供无障碍信息交流服务。进一步完善残疾人驾车服务措施。加大贫困重度残疾人家庭无障碍改造工作力度。"

2021年3月发布的《"十四五"规划和2035年远景目标纲要》中提出的"创新、协调、绿色、开放、共享的新发展理念"是用于指导新时期的无障碍环境建设的纲领性理念；在第二十九章"全面提升城市品质"中明确提出"加强无障碍环境建设"；在第五十章"保障妇女未成年人和残疾人基本权益"中明确提出"完善无障碍环境建设和维护政策体系，支持困难残疾人家庭无障碍设施改造"，计划"补贴110万户困难重度残疾人家庭无障碍设施改造，提升社区无障碍建设水平"。

2. 法律法规对无障碍环境建设的要求

中国国家层面和无障碍环境建设相关的主要法律法规见表2-3。

表2-3 国家层面和无障碍环境建设相关的主要法律法规

法律法规文件名称	最新版本发布时间
《中华人民共和国残疾人保障法》	2008年7月1日（修订施行）
《中华人民共和国老年人权益保障法》	2018年12月29日（修订发布）
《中华人民共和国公共文化服务保障法》	2017年3月1日（施行）
《无障碍环境建设条例》	2012年8月1日（施行）
《残疾人教育条例》	2017年5月1日（修订施行）
《残疾预防和残疾人康复条例》	2017年7月1日（施行）

中国以1990年发布、2008年修订的《中华人民共和国残疾人保障法》，1996年发布、2018年修订的《老年人权益保障法》为核心，配套行政法规，形成了健全的保障无障碍环境建设的法律法规体系，该体系对无障碍环境建设提出了强制性的原则要求。

2008年修订的《中华人民共和国残疾人保障法》，将有关无障碍环境建设内容由原来的一个条款扩充为一个完整章节。第七章"无障碍环境"，从第五十二条到第五十八条共7个条文，明确规定国家和社会应为残疾人平等参与社会生活创造符合残疾人实际需要的无障碍环境，包括符合标准的无障碍设施，以及为残疾人信息交流无障碍创造条件。

2018年修订的《中华人民共和国老年人权益保障法》第六十四条规定："国家制定无障碍设施工程建设标准。新建、改建和扩建道路、公共交通设施、建筑物、居住区等，应当符合国家无障碍设施工程建设标准。"各级人民政府和有关部门应当按照国家无障碍设施工程建设标准，优先推进与老年人日常生活密切相关的公共服务设施的改造。无障碍设施的所有人和管理人应当保障无障碍设施正常使用。第六十五条规定："国家推动老年宜居社区建设，引导、支持老年宜居住宅的开发，推动和扶持老年人家庭无障碍设施的改造，为老年人创造无障碍居住环境。"

2017年3月1日施行的《中华人民共和国公共文化服务保障法》第九条规定："各级人民政府应当根据未成年人、老年人、残疾人和流动人口等群体的特点与需求，提供相应的公共文化服务。"第十七条规定："公共文化设施的设计和建设，应当符合实用、安全、科学、美观、环保、节约的要求和国家规定的标准，并配置无障碍设施设备。"

2012年国务院发布的《无障碍环境建设条例》，是针对无障碍环境建设的，比较全面系统、具有长期执行效力的法规性公文，为创造无障碍环境，保障残疾人等社会成员平等参与社会生活提供了具体的法律依据。《无障碍环境建设条例》主要从三个方面对城乡的无障碍环境建设提出要求：一是无障碍设施建设，二是无障碍信息交流，三是无障碍社区服务。

国家层面的其他法律法规，例如《残疾人教育条例》《残疾预防和残疾人康复条例》等，也对无障碍环境建设提出了针对性的要求。以国家层面的法律法规和政策为指引，各地方也制定了地方性的政策文件，以更具体地指导当地的无障碍环境建设。各地的地方性政策往往以无障碍设施建设和管理条例、办法或规定的称谓推出。

3. 关于无障碍环境建设的重要政策文件要求

国家层面出台了一系列关于促进无障碍环境建设的重要文件，见表2-4，提出了一系列明确要求，具有积极的指导作用。

表2-4　无障碍环境建设相关的政策性文件

文件名称	印发部门	时间
《关于银行业金融机构加强残疾人客户金融服务工作的通知》	中国银监会、中国银行业协会	2012年
《关于加强老年人家庭及居住区公共设施无障碍改造工作的通知》	住建部、民政部、财政部、中国残联、全国老龄办	2014年
《国务院关于加快推进残疾人小康进程的指导意见》	国务院	2015年
《住房城乡建设部等部门关于加强村镇无障碍环境建设的指导意见》	住建部、民政部、中国残联、全国老龄办	2015年
《残疾人航空运输管理办法》	中国民用航空局	2015年
《视力残疾旅客携带导盲犬进站乘车若干规定》	中国铁路总公司、中国残联	2015年
《无障碍环境建设"十三五"实施方案》	中残联、住建部等13部门	2016年
《关于推进老年宜居环境建设的指导意见》	全国老龄办、中残联等25个部委制定	2016年
《关于进一步做好特殊航空运输服务工作的通知》	中国民用航空局	2016年
《关于加强网络无障碍服务能力建设的指导意见》	中国残联、中央网信办	2016年
《"十三五"加快残疾人小康进程规划纲要》	国务院	2016年

续表

文件名称	印发部门	时间
《"十三五"国家老龄事业发展和养老体系建设规划》	国务院	2017年
《关于进一步加强和改善老年人残疾人出行服务的实施指导意见》	交通运输部、住建部等7部门	2018年
《关于加快发展残疾人职业教育的若干意见》	教育部等4部委	2018年
《关于切实做好建档立卡重度残疾人家庭无障碍改造工作的通知》	中国残联	2019年
《互联网应用适老化及无障碍改造专项行动方案》	工信部	2020年
《关于推进无障碍信息交流的指导意见》	工信部、中国残联	2020年
《关于促进养老托育服务健康发展的意见》	国务院	2020年
《关于切实解决老年人运用智能技术困难的实施方案》	国务院	2020年
《关于推动物业服务企业发展居家社区养老服务的意见》	住建部等部门	2020年
《"十四五"残疾人保障和发展规划》	国务院	2021年

(三)中国无障碍环境发展趋势

《"十四五"规划和2035年远景目标纲要》中提出的总体的战略导向也是中国无障碍环境发展的战略导向。

在立足新发展阶段、贯彻新发展理念、构建新发展格局以推动高质量发展这样一个总的战略的指导下,提出了包括坚持深化供给侧结构性改革,建立扩大内需的有效制度,坚定不移推进改革,坚定不移扩大开放,强化国内大循环的主导作用等宏大的战略部署。这些战略部署也将指导中国无障碍环境建设,具体从需求和发展定位来讲,有以下两个趋势:

1. 中国经济社会发展对无障碍环境建设需求迫切

随着2020年中国全面建成小康社会,不仅温饱问题得到了全面解决,国家实力、社会和个人财富均有大幅度的增长,在这样的环境条件下,人民对生活质量要求不断提高,残疾人和老年人融入社会生活的意识不断增强。

根据现在能够掌握的统计数据,残疾人和老年人人口,占总人口的21%左右。加上0—4岁儿童,其占总人口的27%左右。有"无障碍"需求的人群接近总人口30%。随着中国人口老龄化趋势的加剧,这一比例会逐年增加。

但是,我国无障碍环境建设在社会理念、技术水平、监督保障制度、系统性与精细化设计、部品产品等方面，和发达国家相比还存在一定的差距，还没有达到人民对于人性化和包容性环境的期望。

2. 中国无障碍环境建设正处于转型发展关键期

《中共中央关于制定国民经济和社会发展第十四个五年规划和二〇三五年远景目标的建议》明确提出，中国"十四五"经济社会发展要"以推动高质量发展为主题"，这标志着中国经济和社会发展已由高速增长阶段转向高质量发展阶段。在这样的历史时期，中国的无障碍环境建设也应从高速全面铺开建设的时期，转向更安全、更适用、更准确、更专注细节、更贴近人的需要的建设。

因此，中国的无障碍环境会经历四个较大的变化：一是从关注"有无"逐渐向关注品质提升；二是从以肢残人士为主要对象的可达性设计发展到通用设计；三是从从属的附加性的建设到全方位一体化的建设；四是无障碍信息交流、无障碍服务与无障碍设施相结合，构建完整的无障碍环境。

三、无障碍需求分析

参照日本1995年版的《障碍者白皮书》，"障碍"可分为四种："物质性障碍""制度障碍""信息交流障碍"和"意识障碍"。其中，物质性障碍指的是硬件方面的障碍，也就是一般的无障碍设施应对的障碍，比如高差、空间尺度、器具的使用等；制度障碍指的是残疾人缺乏在享受公民权利方面的制度保障，比如入学、考试、就业等；信息交流障碍，顾名思义指的是在获取、了解信息方面有困难或者无法全面，与人的各种交流有困难或者无法全面；意识障碍指的是社会、组织和个体的人对于残疾人的态度不接纳、不包容，甚至冷漠、歧视等。"无障碍"就是要消除和克服这四类障碍。

（一）主要服务人群无障碍需求分析

无障碍环境的主要服务人群为残疾人和老年人。

中国1990年发布的《中华人民共和国残疾人保障法》对残疾人的定义为："在心理、生理、人体结构上，某种组织、功能丧失或不正常，全部或者部分丧失以正常方式从事某种活动的人。"残疾人包括视力残疾、听力残疾、言语残疾、肢体残疾、智力残疾、精神残疾、多重残疾和其他残疾的人。

中国1996年发布的《中华人民共和国老年人权益保障法》规定："本法

所称老年人是指六十周岁以上的公民。"

中国残疾人联合会2012年官方发布的信息[①],根据第六次全国人口普查我国总人口数,及第二次全国残疾人抽样调查我国残疾人占全国总人口的比例和各类残疾人占残疾人总人数的比例,推算了2010年末我国残疾人总人数及各类、不同等级的残疾人数:"全国残疾人总数为8502万人。各类残疾人的人数分别为:视力残疾1263万人;听力残疾2054万人;言语残疾130万人;肢体残疾2472万人;智力残疾568万人;精神残疾629万人;多重残疾1386万人。各残疾等级人数分别为:重度残疾2518万人;中度和轻度残疾人5984万人。"

1. 视力残疾与视觉障碍者

根据《中国残疾人实用评定标准(试用)》[②],视力残疾是指由于各种原因导致双眼视力障碍或视野缩小,通过各种药物、手术及其他疗法而不能恢复视功能者(或暂时不能通过上述疗法恢复视功能者),以致不能进行一般人所能从事的工作、学习或其他活动。视力残疾包括盲及低视力两类,其中又各自分两级。

视觉障碍者包括视力残疾者、视觉退化的老人和临时视觉出现问题的人士。视觉障碍者的"障碍"是指获取视觉信息困难,他们往往用听觉和触觉获得的信息进行代替。盲杖、盲道、GPS语音导航系统、导盲犬等是重度的视力残疾者的重要辅助工具。低视力者可以通过识别明暗、颜色来获取一部分视觉信息,对于他们,环境的照明,标识的图案、大小和设置非常重要。

视觉障碍者对于无障碍环境的需求主要表现在以下两个方面:

(1) 定向与定位无障碍。

行走中的个体定向障碍是视觉障碍者的主要障碍。对于重度的视力残疾者,现阶段主要依靠盲杖、盲道等进行辅助引导。对于位置的识别也是视觉障碍者的主要障碍。对于视觉障碍者重要的位置识别包括警示和提示。比如,铁路站台边、带电设施的周围等,需要进行警示;电梯、楼梯、出入口等位置需要提示。避免行走、使用中的磕碰跌倒伤害也是重点。针对上述无

---

① 《中国残疾人联合会关于使用2010年末全国残疾人总数及各类、不同残疾等级人数的通知》(残联〔2012〕25号)。

② http://www.gov.cn/ztzl/gacjr/content_459939.htm?from=groupmessage&isappinstalled=0.

障碍功能，导盲犬可以提供极大的帮助，智能引导设备的功能也越来越强大。

（2）信息获取无障碍。

盲文是传统的视力残疾者获取信息的语言。在公共场所提供盲文地图、带盲文信息标牌等是打造对于视力残疾者友好的无障碍环境的简便而有效的手段。在如查询、阅览、个人自助终端等以视觉信息为主的公共服务中，提供听觉信息的辅助服务可以帮助视觉障碍者获得必要的信息。听觉信息的辅助服务包括语音引导、文字转语音等。

随着人们的生活越来越依赖网络，信息领域的无障碍十分必要，常见的具有无障碍信息交流功能的硬件包括安装盲文输出的计算机、有屏幕放大功能的显示器、盲文键盘、大字按钮等。软件包括无障碍智能输入法、读屏软件、无障碍导航、无障碍 App 等。最近开发出很多如低视力电子助视器、环境感知眼镜等先进的智能化辅具。

2. 听力/言语残疾和听觉/言语障碍者

根据《中国残疾人实用评定标准（试用）》，听力残疾是指由于各种原因导致双耳不同程度的听力丧失，听不到或听不清周围环境声及言语声（经治疗一年以上不愈者）。听力残疾包括聋和重听，分为四级。言语残疾指由于各种原因导致的言语障碍（经治疗一年以上不愈者），而不能进行正常的言语交往活动，也分为四级。言语残疾往往与听力残疾共同出现，即民间常常说的聋哑人。

听觉障碍者包括听力残疾者、听觉退化的老人和临时听觉出现问题的人士。言语障碍者包括言语残疾者和临时言语出现问题的人士。听觉障碍者和言语障碍者的"障碍"是指获取或者传达听觉信息困难，他们往往用视觉获得的信息进行代替。

听觉障碍者需要的辅助主要是提供视觉信息和适宜的声环境，其辅具包括助听器或人工耳蜗等放大语音信号设备，具有免提对话、音量放大、助听耦合功能以及语音文字互转功能的公用电话、手机，以及闪光门铃、声光报警器等具备振动或灯光显示功能的设备。

听觉障碍者对于无障碍环境的需求主要表现在以下两方面：

（1）提供视觉辅助的环境。

国务院发布的《无障碍环境建设条例》第二十四条规定："公共服务机构

和公共场所应当创造条件为残疾人提供语音和文字提示、手语、盲文等信息交流服务。"语音信息密集的公共场所，如运动场馆、集会场所、教育机构、公共事务服务场所、交通枢纽场站等，提供文字信息辅助可以帮助听觉障碍者获得必要的信息。以声音为主要传播手段的公共服务，应提供字幕或文本服务。

具体常见的视觉辅助服务包括：公共生活服务行业的问讯处或服务窗口提供文字交流服务（也可以服务于言语障碍者），设置电子信息显示屏；电视台开设手语节目；视频加配字幕；佩戴助听器者较多使用的场所部署耦合服务。

（2）听觉良好的环境。

听力没有完全丧失的听力残疾者往往对于噪音更敏感，对于声环境的要求更高。一般来说，范围较小，噪音不大，回音、混响对于中等程度的听力损失者来说可以接受的场合比较适宜。

3. 肢体残疾和行动障碍者

根据《中国残疾人实用评定标准（试用）》，肢体残疾是指人的肢体残缺、畸形、麻痹所致人体运动功能障碍。肢体残疾包括：脑瘫；偏瘫；脊髓疾病及损伤；小儿麻痹后遗症；先天性截肢；先天性缺肢、短肢、肢体畸形、侏儒症；两下肢不等长；脊柱畸形；严重骨、关节、肌肉疾病和损伤；周围神经疾病和损伤。肢体残疾分为重度、中度和轻度。重度（一级）为完全不能或基本上不能完成日常生活活动；中度（二级）为能够部分完成日常生活活动；轻度（三级）为基本上能够完成日常生活活动。

行动障碍者包括肢体残疾者、行动能力退化的老人和临时行动不便的人士。行动障碍者因为身体运动功能不同程度丧失或活动受限，因而产生行动的障碍。无障碍的发轫即是服务于下肢残疾的乘轮椅者。乘轮椅者的主要障碍包括高差的障碍及空间尺寸的障碍，并由此带来相关人群的安全疏散的难题。由于肢体残疾存在很大的差异，对于相关人群的障碍也是非常多的。肢体残疾人士的辅助工具包括拐杖、假肢、轮椅、矫形器、座位保持装置、站立架、步行器等。

行动障碍者对于无障碍环境的需求主要表现在以下两方面：

（1）对于无障碍设施的需求。

大部分城市和建筑中硬件的无障碍设施是服务于行动障碍者的，尤其是服务于乘轮椅者的，包括无障碍通行设施——无障碍通道、轮椅坡道、无障碍出入口、无障碍电梯、无障碍机动车停车位、缘石坡道等，无障碍服务设施——无障碍个人卫生设施、无障碍客房、无障碍住房、轮椅席位、低位服务设施等。无障碍信息交流设施也要考虑行动障碍者的使用便利。

交通无障碍中的硬件设施也是服务于行动障碍者的，包括无障碍基础设施和车辆装备，这两个方面各成系统，同时两者之间的无障碍衔接是重要问题。

（2）对于无障碍服务的需求。

现在，各行各业都在针对不同类别的残疾人和老年人的特点提供无障碍服务，但行动障碍者需要的无障碍服务不只是提供信息，更需要保障出行的整体性的无障碍服务，如购票、不同交通工具的接驳、服务定制、辅具租借等。

4.智力残疾和精神残疾者

根据《中国残疾人实用评定标准（试用）》，智力残疾是指人的智力明显低于一般人的水平，并显示适应行为障碍，分为四级。精神残疾是指精神病人患病持续一年以上未痊愈，同时导致其对家庭、社会应尽职能出现一定程度的障碍，分为三级。

现在的智力残疾者和精神残疾者的权益保障，往往体现在提供特殊的服务和法律政策，包括财产所有权、法律责任、教育机会和免受歧视的保护等方面。而这部分人群在生活、社会和环境中表现出的不同程度的不适应未得到重视。同时，现在的无障碍环境建设，不但对于这部分人群考虑不足，而且对于其他类别残疾人士的心理和情绪也关怀不够，对于环境和心理健康的关系缺乏深入的研究和实践。

5.老年人特点及需求概述

目前，中国人口老龄化趋势越来越严重，并呈现出速度快、高龄化趋势明显、人口平均预期寿命延长、养老服务需求日益广泛的特点。2020年，全国60岁以上老年人口增加到2.64亿人，占总人口比重提升到17.8%左右。同时，高龄、失能、独居和空巢老年人数量将进一步增加，应对人口老龄化的任务十分艰巨。

步入老年阶段后，人的身体各个部位的机能开始出现不同程度的退化，对环境的适应能力也随之逐渐降低，普遍呈现出以下几方面的生理特征：

（1）运动功能退化、身体的平衡能力下降。

由于运动功能退化，老年人肢体的灵活程度以及控制能力减退，关节病发病概率增高，在做抬腿、下蹲、弯腰等常规动作时会产生困难，步态不稳、脚力不足时有发生。另外，老年人肌肉力量下降、耐力降低、易疲劳，因此其进行长时间行走、运动、上下楼梯、拿取重物等活动时均会出现困难。由于易患上骨质疏松和骨质增生等疾病，不能进行剧烈运动和负重，严重者会影响或者丧失行走的能力。

（2）感、知觉发生显著的退行性变化。

由于感觉器官的生理机能衰退，老年人的视觉、听觉、嗅觉、味觉、触觉等感觉会发生相应的退化。感、知觉的衰退会影响老年人对周围环境信息的收集和判断，进而使其对环境的反应能力变差。

（3）神经系统退化。

神经系统退化会带来一定的神经系统症状、情绪变化。记忆力减退是人变老较为明显的特征之一，其突出的表现就是健忘，特别是对于近期的事情记忆力较差。机械记忆衰退明显，意义记忆衰退较慢；记忆广度变窄、速度变慢；信息提取能力变慢，再认能力和回忆能力下降；记忆能力的个体差别随年龄增长而增加。

由于神经系统的退化，对事物反应迟钝，认知能力下降，老年人适应新环境的能力较弱，往往倾向于生活在比较熟悉的环境中。老年人心理安全感降低，对新鲜事物不敢去尝试，此外，对突发情况的反应速度慢，出现危险状况时不能有效处理。

随着人类平均寿命的延长，多数老年人都患有糖尿病、高血压、心脏病、颈椎病等各种慢性病，导致老年人体力下降，容易因脑缺血而引起头晕、乏力等症状。老年人中患阿尔茨海默症和脑萎缩的比率逐渐升高。这些病症对老年人的生活影响极大。

老年人不算作严格意义的"残疾人"，但是也属于生活中经常遇到障碍的人。老年人和残疾人的最大区别在于，残疾人多是身体局部部位的问题，失去功能或者严重不适，而老年人是整体身体机能的退化，行动和反应能力也随之减弱。分析老年人对无障碍环境的需求，除了要考虑与前述视觉障碍者、听觉/言语障碍者、行动障碍者等类似的需求之外，还要关注到老年人的身体机能和认知能力是随着年龄逐渐下降的特点。为了保证老年人的身心健康，无障碍环境建设需要满足以下四种基本需求：

（1）基本生活需求。

衣、食、住、行、医是人的基本生活需求。中国长期以来，由家庭为老年人提供基本生活帮助的模式已经受到了挑战；而现代的城市生活，也带来了诸如下楼难、坐车难、就医难等问题，很多空巢老人、独居老人的基本生活需求得不到保障。

（2）安全需求。

老年人是一个风险高的群体，除了实体层面的，因为跌倒、滑倒、磕碰等带来的人身伤害风险，近些年老年人的消费安全、信息安全问题开始突出，诈骗、虚假宣传、伪专家、传销等盯上了关注健康、内心寂寞、防范意识薄弱的老年人。

（3）社交需求。

害怕孤独寂寞的老年人更加需要社交活动，但很多老年人由于行动不便社会交往变少。虽然中国各地的社区文化中心和老年人活动室密度比较高，有些硬件设施和组织服务做得非常好，但仍应考虑到老年人的多元需求，尤其对于文化、体育休闲的需求。

（4）心理需求。

老年人的心理需求包括依存需求、心理健康、尊重需求、和睦需求、伴侣需求、安静需求以及更高层次的自我实现。整个社会需要帮助老年人实现老有所依、积极平和、家庭和睦、对他人和社会仍有价值的老年生活。

（二）社区和居家无障碍需求

长期以来，中国的家庭为其家庭成员提供了大部分的生活保障功能。不但数量广大的残疾人已经散布在社区生活，而且大多数老年人在居家和社区养老，形成了"9073"格局，即90%的老人居家养老，7%的老人依托社区支持养老，3%的老人入住机构养老。因此社区和居家的无障碍需求巨大，既包括对物质环境的需求，也包括对精神层面的需求；既包括社区和住宅无障碍设施的建设与改造，也包括社区服务网络和保障体系的建设。

1. 社区环境

社区的无障碍环境有利于发挥残疾人和老年人的自主性、能动性，减少意外，增加社会交往，改善生活品质。

社区及周边的步行道路系统要提供安全、系统、合理的无障碍通行流线，尽量做到人车分流，尤其需要注意到自行车、电动车可能带来的危险。

人行通道不但应保证足够宽度，设置遮阴、休息设施，设置缘石坡道、轮椅坡道、提示盲道等，更需要保证道路广场地面的坚固平整，避免凹凸和空隙，以防止造成人身伤害的跌倒磕碰。

公共活动场地及绿地要满足残疾人、老年人和儿童等开展日常休憩社交活动的需要，活动场地及绿地能够无障碍地进入和通行，在空间设计、设施配置和植物选配上营建和谐友好的氛围，并保证安全。

社区环境的标识系统要简单而有较强的识别性，并避免出入小区、入户等的信息化管理工具成为新的障碍。

2. 住宅建筑

应建设足够比例的无障碍住房及适老住房。根据国家标准《无障碍设计规范》，居住建筑应按照不少于2%的比例设置无障碍住房。而根据《中国家庭发展报告（2015）》，近四成的家庭有老年人共同居住，适老住房是更为普适性的要求。

住宅建筑的公共空间要保障一定的无障碍通行，并提供救助和安全疏散的条件。考虑到适老性，无障碍电梯是多层和高层住宅的必要条件。

居住空间要能够满足安全、便利和健康的要求。从安全性上来说，首要是防止居家的跌倒和磕碰，厨房的燃气、卫生间的湿滑都是重大居家事故发生的原因，特殊情况下的安全疏散一直是社会的难题；从便利性上来说，考虑轮椅使用的空间要求，减少家用电器的操作复杂程度，提供适合住户的无障碍信息交流设施；从健康上来说，满足户内自然通风、天然采光以及观赏室外的环境要求。

3. 社区公共服务

社区公共服务是公共服务体系的重要组成部分，其目的是满足社区内的居民的生活需求，营造居民生活公共空间。社区公共服务一般包含教育、医疗、文化、体育、交通市政、商业服务和社会综合服务七大类，既有满足居民刚性需求的服务，也有提升生活品质的服务。

公共服务设施是提供公共服务的实体性场所，一般分为城市级、街区级、社区级三级，这三级的公共服务设施均需考虑无障碍需求。对于一些满足居民刚性需求的服务设施，中央及各地政府发布了配套的法律法规政策，并配套了相应的资金。

而社区公共服务设施因其更加贴近居民的日常生活，更需要精细化地规划和设计，提高包容性和人性化，塑造社区的归属感和认同感。无障碍环境的营造是达到这一目的的重要手段。

（三）智慧城市支撑的无障碍生活环境

中国多年致力于建设一个完整的无障碍设施系统，也就是一个无障碍的"实体"系统。但是我们看到，残疾人和老年人这些有无障碍需求的人士，在日常生活中还是存在种种不便。

随着社会的发展，无障碍整体理念一直在变化，对于"无障碍"的理解，已经从以肢残人士为主的"可达性"发展到满足所有人方便的"通用性"。无障碍环境建设的最终和根本目的是支撑一种环境包容友好、交通安全便捷、设施智能通用、交流顺畅无碍的无障碍生活。

对于这样的愿景，智慧城市会成为一个有利的支撑平台。通过在智慧城市的系统上增加无障碍服务的功能，可以极大地提升社会的无障碍服务水平。此外，在硬件方面，近年来，随着物联网、智能佩戴设备等技术的不断发展，产生了越来越多不同种类、不同功能的电子设备，世界各国已经开始意识到这个领域的工作不但可以提供人性化的帮助，也有广阔的市场前景。

总之，建设无障碍环境是为了实现无障碍的生活，方便、安全的生活是幸福安康的基本保障，中国社会已经发展到了需要将无障碍通用化、普适化的阶段，到了应该满足所有群体参与社会生活的阶段。

第三章

无障碍环境中长期发展目标

一、从无障碍设施系统到无障碍生活服务系统

建设无障碍环境的根本目的是支撑一种"无障碍的生活"。中国多年致力于建设一个完整的实体化的无障碍设施系统，已经取得很大的成效。在中国的无障碍环境建设的30多年中，以《中华人民共和国残疾人保障法》和《中华人民共和国老年人权益保障法》两个基础立法为依据，以国务院发布的《无障碍环境建设条例》为具体的工作方向，无障碍设计的技术标准逐渐由行业标准提升至国家标准，2021年进一步提升至全国范围实施的强制性规范，无障碍设施的施工验收也在2011年发布了国家标准。围绕着无障碍设施建设，各地也发布了大量的地方法规和标准。在一个比较完整的立法体系的支撑下，中国各地，尤其是城市的无障碍设施环境是一个稳步提升的态势，特别是近几年，随着老龄社会的迫近，无障碍环境的建设更加被全社会所重视，在无障碍设施环境方面投入力度持续加大。

但是，残疾人和老年人这些有无障碍需求的人士，在日常生活中还是存在种种的不便。因此，一方面需要将一直在建设的无障碍设施系统放到城市或者乡村提供的生活服务体系中去评估；另一方面也要将现有的生活服务体系去和无障碍需求比对，找出具体哪些方面没有呼应需求，并进行补充完善。这样形成一个无障碍生活服务体系，去指导未来的无障碍环境建设。未来的无障碍环境建设不只是硬件的建设，还包括社会观念的改变以及法规政策体系、服务体系等城市管理层面的布局。而且，智慧城市会成为一个有利的支撑平台。

整个无障碍环境包括三大部分：一是由无障碍设施构成的实体环境，二是无障碍的信息交流环境，三是包容性的人文环境，包括城市管理、社会观念等。所以，无障碍环境是一个多尺度的整合性的环境。比如，从一个具体的公共建筑的无障碍设施环境来讲，从大尺度到精微的尺度，就包括从城市的公共空间，经过无障碍的交通，进入建筑，建筑内的部品、细节、家具，一直到一个药瓶都要考虑无障碍的需求。这才能保证在这个公共建筑的生活

场景里面能够发生一种无障碍的生活。

无障碍的生活就是发生在这样具体的场景中，这个生活不是局限于某个具体的人群，而是融于整合性的社会生活的，是良好的社会生活不可或缺的一个品质，良好的社会生活应该是人性化的，无障碍又是人性化的重要因素。无障碍环境建设需要把无障碍这个目标放到一个大的结构中去给予整理和定位，这个大的结构就是社会所提供给民众的生活服务。

在上一章的论述中提及，通过对中国生活服务体系的整理，以及对中国智慧城市建设的梳理，可以总结出中国的智慧生活服务体系框架包括 6 个大类：住宿餐饮、交通出行、医疗卫生、文化教育、旅游购物，以及起支撑作用的城市基础服务，它们是智慧城市里的生活服务的不同功能板块。需要将无障碍需求纳入这些板块，去提升它们，让无障碍成为城市功能的有机组成部分。有些生活服务的板块已经在做这个工作，但是深入的程度不一样，有的板块仍旧缺失。从全国范围来讲，有的地方比较完善，有的地方刚刚起步。

我们经常说，无障碍设施已经解决了有无问题。真是这样吗？放在一个片区的范围，哪些场所是达到无障碍的底线要求即可，哪些场所要有一些更高的要求，往往是没有规划的。具体到某个单独的场所，比如一个商场，它应该建哪些设施，建在什么地方，怎么进行数量的配置，往往也是没有比较精准的要求的。所以会出现很多不方便的生活场景，比如开车带着家里的老人去商场买件衣服，在地下车库，因为有人防设施的门槛，乘坐轮椅的老人就上不了电梯；在家里，就算住宅楼有电梯，乘坐轮椅的老人到了楼下，会发现很多地方无法到达，甚至包括小花园、活动中心这些必要的场所可能也无法到达。这就迫切需要在无障碍环境建设的中长期目标中，以无障碍生活为最终的导向去设置设施，并安排必要的服务。

二、制定无障碍环境中长期发展目标的基本原则

2021 年 7 月，国务院发布的《"十四五"残疾人保障和发展规划》是依据《"十四五"规划和 2035 年远景目标纲要》制定的关于残疾人事业的重要政策性文件，其中提出了指导残疾人保障和发展工作的基本原则：

坚持党的全面领导。健全党委领导、政府负责的残疾人工作领导体制，为残疾人保障和发展提供坚强的政治保障、组织保障。

坚持以人民为中心。坚持对残疾人格外关心、格外关注，解决好残疾人最关心、最直接、最现实的利益问题。激发残疾人的积极性、主动性、创造性，不断增强残疾人的获得感、幸福感、安全感。

坚持保基本、兜底线。着力完善残疾人社会福利制度和关爱服务体系，织密扎牢残疾人民生保障安全网，堵漏洞、补短板、强弱项，改善残疾人生活品质，促进残疾人共享经济社会发展成果。

坚持固根基、提质量。深化残疾人服务供给侧改革，强化残疾人事业人才培养、科技应用、信息化、智能化等基础保障条件，推动残疾人事业高质量发展，满足残疾人多层次、多样化的发展需要。

坚持统筹协调、形成合力。发挥政府主导作用和社会力量、市场主体协同作用，发挥地方优势和基层首创精神，集成政策、整合资源、优化服务，促进残疾人事业与经济社会协调发展，推动城乡、区域残疾人事业均衡发展。

上述原则具有重要的指导意义，是本书提出的无障碍环境发展中长期目标原则制定的主要依据，结合国家应对人口老龄化的基本原则，本书提出的原则更关注工作的开展，致力于如何将国家战略落实到具体的目标中。

（一）以国家纲领性要求为指导

本书所依据的国家纲领性要求主要为：《"十四五"规划和2035年远景目标纲要》《"十四五"残疾人保障和发展规划》《国家积极应对人口老龄化中长期规划》以及发改、住建、交通、工信等各行业领域主管部门的政策文件。近些年政府开展的无障碍环境建设工作，往往是以住建部牵头，联合工信部、民政部、中国残联、全国老龄办组成联合工作组的形式开展，因此本书涉及的行业或具体主管领域的相关要求，也以这几个部委的政策文件为依据。

《"十四五"规划和2035年远景目标纲要》中与无障碍直接相关的内容有以下几部分：第五篇的第十六章"加快数字社会建设步伐"，其中"提供智慧便捷的公共服务""建设智慧城市和数字乡村""构筑美好数字生活新图景"这三节的内容。第十三篇的第四十五章"实施积极应对人口老龄化国家战略"，其中"完善养老服务体系"这一节的内容。第十四篇的第五十章"保障妇女未成年人和残疾人基本权益"的内容。

《国家积极应对人口老龄化中长期规划》工作任务中的"打造高质量的为

老服务和产品供给体系""强化应对人口老龄化的科技创新能力""构建养老、孝老、敬老的社会环境",均需要无障碍环境建设相关工作的支撑。

以上述政策文件为依据,本书确定的无障碍环境中长期目标的指导思想为:以社会高质量发展为主题,以促进全社会全面发展和共同富裕为主线,保障残疾人和老年人的平等权利,增进民生福祉,增强残疾人和老年人的自我发展能力,不断满足所有人对美好生活的需要。

(二)以专业性和社会性为特征

无障碍环境条件的不足是阻碍残疾人和老年人正常生活起居及参与社会活动的重要因素。无障碍环境建设不仅是法规政策的制定和各行业的专业性问题,更是被广泛专注的社会热点问题。无障碍环境建设中长期发展目标的制定要坚持以人为本,参考相关领域的中长期发展目标,在无障碍专业角度的基础上,更多地从解决社会矛盾及满足人民需要的角度开展研究,平衡经济效益与社会效益,保障全体公民的相关权益。

(三)以通用型无障碍环境为方向

中国的老龄化进程日趋严峻,伴随着这一进程,失能、高龄、空巢和独居等养老服务重点对象大幅增加,亟须研究面向兼顾残疾人和老年人无障碍需求的通用型无障碍环境建设。通用型无障碍环境建设发展是文明社会发展的一大进步,在满足普通人使用需求的基础上,特别强调对残疾人、老年人和儿童等弱势群体的关怀,营造一个安全、方便和舒适的社会生活环境。无障碍环境建设中长期发展目标的制定应同时兼顾残疾人和老年人无障碍需求,明确向通用型无障碍环境建设发展的方向。

(四)以改善民生拉动经济为动力

无障碍环境建设可以切实有效地保障和改善民生,尤其可以解决残疾人和老年人生活中的许多困难,保证他们生活的尊严,提升他们生活的品质。保障和改善民生也是拉动中国经济发展的重要突破口,有利于转变经济发展方式,改善居民消费环境,促进中国社会经济持续发展。

(五)以系统性思维为方法

无障碍环境建设需要良好的基础设施设备,也需要高水平的无障碍社会服务。无障碍社会服务需要从人才培养、资金支持、宣传教育、服务均等化等方面去提升,避免短板效应。

中国地域广大，不同城市、地区的无障碍环境建设情况千差万别。中长期目标的制定需要广泛调研国内当前经济社会发展状况、无障碍需求以及建设情况，系统性、分阶段地确定目标。同时，提炼重点领域和重点内容为工作抓手，形成以点带面、循序渐进的发展模式，提升中国整体无障碍环境建设水平。

（六）以协同发展为机制

中国正处于新的社会发展阶段，呈现经济进入新常态、人口形成新结构、社会呈现新特征、消费体现新需求、科技孕育新突破等趋势，这些都给无障碍环境建设工作带来了新的机遇和挑战。无障碍环境建设的中长期目标的制定涉及的行业领域广泛，需要整合相关其他研究作为研究基础，形成优势互补、互利共赢的协同发展机制。

三、无障碍环境中长期发展目标时间节点

（一）无障碍环境中期发展目标时间节点（2025年）

2020年中国已经全面实现小康社会，经济保持中高速增长，人民生活水平和质量普遍提高，国民素质和社会文明程度显著提高，生态环境质量总体改善，各方面制度更加成熟定型。

在《"十四五"规划和2035年远景目标纲要》中，政府宣布"困扰中华民族几千年的绝对贫困问题得到历史性解决"，标志着一个历史性的阶段，即"我国已转向高质量发展阶段"。中国无障碍环境建设的中期目标应以小康社会的实现作为基础和保障，全面提升中国的无障碍环境建设水平，为中国社会发展的下一个目标——2035年基本实现社会主义现代化打下坚实的基础。

通过调研中国其他领域的中长期目标，制定的目标实现时间在年度上一般以5年或10年作为比较常规的时间阶段。因此，本书将实现无障碍环境中期发展目标的时间定为2025年。

（二）无障碍环境长期发展目标时间节点（2035年）

中国将在2035年基本实现社会主义现代化的远景目标。在《中共中央关于制定国民经济和社会发展第十四个五年规划和二〇三五年远景目标的建议》中明确提出要健全多层次社会保障体系。健全老年人、残疾人关爱服务体系和设施，完善帮扶残疾人、孤儿等社会福利制度。

因此，本书将实现无障碍环境长期发展目标的时间定为 2035 年，争取在 2035 年基本实现的社会主义现代化中包含一个高水平的无障碍环境。

四、中期发展目标框架（2025 年）

《"十四五"残疾人保障和发展规划》提出的主要目标为："到 2025 年，残疾人脱贫攻坚成果巩固拓展，生活品质得到新改善，民生福祉达到新水平。多层次的残疾人社会保障制度基本建立，残疾人基本民生得到稳定保障，重度残疾人得到更好照护。多形式的残疾人就业支持体系基本形成，残疾人实现较为充分较高质量的就业。均等化的残疾人基本公共服务体系更加完备，残疾人思想道德素养、科学文化素质和身心健康水平明显提高。无障碍环境持续优化，残疾人在政治、经济、文化、社会、家庭生活等各方面平等权利得到更好实现。残疾人事业基础保障条件明显改善，质量效益不断提升。"

《"十四五"残疾人保障和发展规划》提出的重点任务中，"保障残疾人平等权利，为残疾人提供无障碍环境和便利化条件"，直接对无障碍环境建设提出了目标，包括："提升无障碍设施建设管理水平。新建设施严格执行无障碍相关标准规范。在乡村建设行动、城市更新行动、城镇老旧小区改造和居住社区建设中统筹推进无障碍设施建设和改造。城市道路、公共交通、社区服务设施、公共服务设施和残疾人服务设施、残疾人集中就业单位等加快开展无障碍设施建设和改造。提高残疾人家庭无障碍改造水平。加快推广无障碍公共厕所。探索传统无障碍设施设备数字化、智能化升级。开展无障碍市县村镇达标验收工作。提高无障碍设施规划建设管理水平，推进无障碍设计设施认证工作，提高全社会无障碍意识，加强无障碍监督，保障残疾人、老年人等通行安全和使用便利。""加快发展信息无障碍。将信息无障碍作为数字社会、数字政府、智慧城市建设的重要组成部分，纳入文明城市测评指标。推广便利普惠的电信服务，加快政府政务、公共服务、电子商务、电子导航等信息无障碍建设，加快普及互联网网站、移动互联网应用程序和自助公共服务设备无障碍。推进智能化服务要适应残疾人需求，智能工具应当便于残疾人日常生活使用。促进信息无障碍国家标准推广应用，加强对互联网内容可访问性的测试、认证能力建设，开展互联网和移动互联网无障碍化评级评价。支持研发生产科技水平高、性价比优的信息无障碍终端产品。"

《无障碍环境建设"十四五"实施方案》提出的主要目标为："到2025年，无障碍环境建设法律保障机制更加健全，无障碍基本公共服务体系更加完备，信息无障碍服务深度应用，无障碍人文环境不断优化，城乡无障碍设施的系统性、完整性和包容性水平明显提升，支持110万户困难重度残疾人家庭进行无障碍改造，加快形成设施齐备、功能完善、信息通畅、体验舒适的无障碍环境，方便残疾人、老年人生产生活，增强人民群众获得感、幸福感、安全感，为2035年实现安全便捷、健康舒适、多元包容的无障碍环境奠定基础。"

2021年各地出台的老龄事业发展"十四五"规划，也均体现了对于无障碍环境的需求，相比之下，《"十四五"残疾人保障和发展规划》对于无障碍环境的目标更为明确，因此本书构想的无障碍环境建设的中期发展目标，是在《"十四五"残疾人保障和发展规划》和《无障碍环境建设"十四五"实施方案》的目标和指标指导下细分的。

（一）建设领域的中期发展目标

1. 保证新建项目的无障碍设施建设百分之百合规

对应《"十四五"残疾人保障和发展规划》目标："新建设施严格执行无障碍相关标准规范。"

中国无障碍设施环境建设已经全面铺开，和无障碍环境建设相关的法律、法规和技术标准也已经比较系统，并在逐步完善中。尽管无障碍设施的设计和施工验收标准作为国家标准已经实施了近10年，但由于对于无障碍理念的接受和重视还处在逐步提升的阶段，对于无障碍设施的建设认识不充分，重视程度也不够高，导致现阶段的建设存在大量不合规的现象。经调研，近几年新建项目的无障碍设施建设合规比例仍然不高，甚至是有安全隐患的，需要马上进行改造，这带来了大量人力物力的浪费，也造成了不良的社会影响。对无障碍设施建设的合规加以强调，是中期目标的第一点，如这一点无法保证，其他都无从谈起。

根据笔者长期从事无障碍相关研究和实践工作的经验，以及对当前情况的调研可以看出，无障碍设施不合规的情况大量出现，主要有以下几方面原因：一是在设计阶段，无障碍设计不合理，且深度不足，"满足规范要求"

往往只是写在设计说明中的一句话,并没有将关于无障碍设计的规范标准要求反映在设计中,甚至设计违反规范的情况时有发生;二是由于对无障碍设施的施工验收管理不严,出现了未按图施工甚至无图施工,或者施工技术深化出现错误的情况;三是部品产品不规范或者选用错误;四是忽视甚至缺失对无障碍设施的验收,造成了很多无障碍设施不合规的新建项目依然投入使用。

将于2022年4月起实施的强制性《建筑与市政工程无障碍通用规范》,会对这一情况起到纠正的作用。强制性规范是指必须依照法律适用、不能以个人意志予以变更和排除适用的规范,由法律保证其强制性。强制性规范规定了底线要求,是整个社会无障碍设施建设的一个基准。

从当前的管理和技术水平以及相关从业人员不断增强的无障碍意识来看,要求新建项目的无障碍设施建设达到100%满足强制性规范要求,不但是是否违法的刚性要求,而且从技术和实施的角度来说,也是比较基本的,现有的条件能够支撑的要求。在既有条件的基础上,仍需加强工作深度、加大工作力度才能达到此中期目标。需要强化工程全链条的把控,加强设计、施工、管理及相关部门的合作,加强项目建设全过程的监督管理,才能保证新建项目的无障碍设施建设100%达到强制性规范的要求。

由于中国各地的经济发展与文化建设水平不同,无障碍设施环境建设水平也不均衡。在北京、上海、深圳等较发达地区,无障碍设施环境建设与发展水平较为领先,可以示范带头中国其他地区的无障碍环境建设。这些较发达地区的无障碍设施建设应以达到更高的质量标准为目标。在全国性强制性规范的底线之上,这些地区应当编制本地的较高标准的强制性规范,提高无障碍设施的安全性和适用性,推动无障碍设施向着更加通用、共享发展。因此,国家和地方应出台相关政策,鼓励各地结合自身的经济社会条件和水平,根据实际需求制定相对国家标准适度提高的地方强制性规范,并通过地方性法规予以支持,从而带动全国的无障碍环境建设持续提升。

2. 加大城乡无障碍设施环境改造力度

对应《"十四五"残疾人保障和发展规划》目标:"在乡村建设行动、城市更新行动、城镇老旧小区改造和居住社区建设中统筹推进无障碍设施建设和改造。城市道路、公共交通、社区服务设施、公共服务设施和残疾人服务设施、残疾人集中就业单位等加快开展无障碍设施建设和改造。提高残疾人家庭无障碍改造水平。"

《无障碍环境建设"十四五"实施方案》提出困难重度残疾人家庭无障碍改造110万户;居家适老化改造200万户。《"十四五"残疾人保障和发展规划》明确提出:到2025年,困难重度残疾人家庭无障碍改造数应达到110万户。

由于社会发展速度快,城乡发展不均衡,各地经济水平差距较大,中国的市镇乡村均存在着大量的无障碍设施缺失或者不达标的情况,不但影响了残疾人及老年人的生活自主和便利,甚至造成了人身伤害。为了切实改善民生,中国政府一直在推动无障碍设施改造工作。

2018年,中央财政下拨中央彩票公益金残疾人家庭无障碍改造补助资金1.65亿元,有力带动了地方贫困残疾人家庭无障碍改造工作。据全国残疾人基本服务状况和需求动态更新数据显示,全年共为115.8万残疾人家庭进行了无障碍改造,其中包括23.86万农村贫困残疾人家庭。残疾人家庭无障碍改造覆盖率由9%上升到22.5%。无障碍环境建设由公共设施向残疾人家庭延伸,从2015年开始全国有297万残疾人家居环境得到无障碍改造。[①]

虽然政府近些年来已经投入大量资金和人力物力进行无障碍家庭以及公共场所无障碍设施的改造,但由于政府财政的支持力度无法在短期内满足所有需求,目前还有大量贫困残疾人和老年人家庭、社区和城市的室外环境、提供公共服务的场所以及公共交通未进行无障碍改造。所以,需要在"十四五"期间的城市更新行动中,改造提升老旧小区、老旧厂区、老旧街区和城中村等存量片区的无障碍功能。改造的同时,还要加强无障碍设施日常维护与管理,将其纳入城市管理内容,建立城市无障碍设施电子数据库,加大对占用、破坏无障碍设施等违法行为的处罚力度,确保无障碍设施发挥功能,确保改造后的无障碍设施的使用效果。

(1)大力推进家庭无障碍改造。

家庭无障碍改造不仅能满足残疾人或老年人生活起居的基本需求,提高生活质量,维护人的尊严,还可以一定程度上解放承担照护工作的家庭成员,减少购买服务的成本,减轻残疾人家庭的经济负担。

---

① https://baijiahao.baidu.com/s?id=1640644143395294165&wfr=spider&for=pc.

对于困难、重度残疾人家庭的无障碍改造，是"为残疾人提供更加稳定更高水平的民生保障"的具体工作的一部分，应加大力度加以推进。可以依托"十四五"期间完善的"易返贫致贫人口动态监测预警和帮扶机制"，参考易返贫致贫监测的情况摸清现状，分清缓急，通过制定计划，有步骤展开，逐步提高改造比例。在改造前，应委托专项调研督查团队，进行具体家庭的情况采集，制定工作方案，编制预算，建立简便易行的申报与评估机制，并对改造工作进行全程监督管理。

家庭无障碍改造应根据实际需求，实行"一户一设计"的个性化方案，立足改善出行、个人卫生等重点问题。同时，政府主管部门应积极采取措施，持续做好建档立卡工作，优先将重度、贫困残疾人和老年人家庭作为无障碍改造工作的重点对象。中期目标应至少做到实现重度残疾人家庭无障碍改造全覆盖。

（2）推进老旧小区无障碍改造，基本出行和服务的无障碍设施改造率达到100%。

2017年底，住房和城乡建设部下发了《住房城乡建设部关于推进老旧小区改造试点工作的通知》，部署了全国共15个城市作为老旧小区改造试点。各地建设部门积极配合细化老旧小区改造具体内容并推动其落实，通过四年的工作，老旧小区改造工作已取得一定进展，无障碍改造作为改造工作的一项重点与难点，也取得了很大的成效。

在此基础上，针对中期目标，本书提出：在老旧小区的无障碍改造中，基本出行和服务的无障碍设施改造率达到100%。为达此目标，各地应建立切实可行的老旧小区无障碍改造工作长效机制；摸排现状情况，建立老旧小区改造清单，并按照年代和设施破损程度，以及小区中残疾人和老年人的数量，确定优先改造等级；积极组织各级残疾人及老年人社会组织参与改造工作，促进其与建设方、设计方、施工方、管理方的沟通，组织不同类型的残疾人和老年人代表开展体验活动，参与验收，保障无障碍改造的成果真正符合残疾人需求；动员社会各方力量从资源、技术等方面为改造工作提供支持，主管部门组织总结编制老旧小区无障碍改造工作流程、技术导则。

（3）推进金融、医疗、交通、文化等重点公共服务场所的无障碍改造。

保证公共服务场所中无障碍设施建设的合规性与系统性，是在中国进入小康社会后，继续提高人民生活质量，满足所有人融入大众社会生活的必要措施，更是社会文明程度的重要体现。同时公共服务场所的无障碍可以增加残疾人和老年人的就业机会。

以中国各地公共服务场所的无障碍设施建设水平的现状看，不但存在地域差距，而且存在行业间的发展不平衡。交通（机场、高铁、地铁）、金融服务、电信营业厅等行业的无障碍设施普及率较高。而一些餐饮住宿、电商自提点等场所的无障碍设施普及率相对较低。医疗场所的无障碍设施建设没有得到应有的重视。建议以服务大众的重点公共项目和残疾人、老年人比较集中的社区为首要改造对象，重点推进政府机关、学校、社区、旅游景区、社会福利、公共交通等公共场所和设施的无障碍改造，完善无障碍设施标识系统。

很多城市的公共服务建筑建造年代久远，当时的无障碍相关法律法规强制性不足，标准规范建设不完善，导致其现状远远落后于现在的无障碍设施建设标准，甚至无法满足当今社会基本的无障碍需求。受限于场所自身空间、原始设计、运营、周边配套等软硬件因素，此类建筑的无障碍改造难度较大，需要主管部门的强力推动。面对公共服务场所的无障碍设施改造存在的难度，应以老年人照料、特殊教育、康复、社会福利等机构，文化、体育、医疗卫生、交通运输、金融等公共服务建筑为重点，建立重点项目改造清单，并定期统计无障碍改造进展情况；推动运用科技、信息、辅具等新技术新产品，服务于无障碍改造工作；严把验收关，保证改造质量，并对改造后无障碍设施的管理维护情况开展监督，确保无障碍设施发挥效能。

3.继续推进无障碍环境市县村镇创建工作

对应《"十四五"残疾人保障和发展规划》目标："开展无障碍市县村镇达标验收工作。"

自2002年10月起，经国务院同意，建设部、民政部、全国老龄办、中国残联等部门联合组织开展创建"全国无障碍设施建设示范城市"活动。自"十五"以来，截至2018年，全国所有直辖市、计划单列市、省会城市都开展了创建工作，开展无障碍建设的市、县达到1702个。2021年又有74个市县村镇被评为"创建全国无障碍环境达标市县村镇"。开展近20年的创建"全国无障碍设施建设示范城市"活动取得了丰硕的成效，促进了各地无障碍环境建设组织管理体系的完善，推动了全国各地依法全面系统开展无障碍环境建设。无障碍环境建设是一个随着社会进步持续推进的工作，鼓励和表彰是非常有效的推动工作的方式。

以国务院的《"十三五"加快残疾人小康进程规划纲要》和《"十三五"国家老龄事业发展和养老体系建设规划》为依据，2016年9月，中国残疾人联合会、民政部等13个部门联合印发《无障碍环境建设"十三五"实施方案》，提出以解决残疾人、老年人无障碍日常出行、获取信息为重点，全面提升城乡无障碍环境建设水平；完善无障碍环境建设相关政策标准，促进基本公共服务均等化；解决影响残疾人、老年人日常起居、基本生活的家庭环境障碍。之后，住建部、工信部、民政部、中国残联、全国老龄办于2018年11月下发了《住房城乡建设部等部门关于开展无障碍环境市县村镇创建工作的通知》（以下简称《通知》），对创建无障碍环境市县村镇工作进行了相关部署，并明确了无障碍环境创建工作的基本要求和项目指标。从这些文件中可以解读出对于创建工作的计划和展望。

（1）"十三五"期间的无障碍环境市县村镇创建工作。

《无障碍环境建设"十三五"实施方案》中提出"开展无障碍环境市、县、村镇创建工作"。具体包括落实《国家新型城镇化规划（2014—2020年）》，巩固创建全国无障碍环境市县工作的成果，开展无障碍环境建设城市复检复评。在"十三五"期间完善协调领导机制，组织有关部门、专家完善实施创建工作标准，继续组织指导地方开展创建全国无障碍环境市、县工作，同时将无障碍环境建设融入文明城市、智慧城市创建内容，全面推进中国城市无障碍化建设。切实将无障碍环境建设纳入新农村建设、村庄环境整治内容，探索总结村镇无障碍环境建设工作经验，开展无障碍村镇创建工作，逐步推广农村地区无障碍环境建设等内容。

根据住建部、工信部、民政部、中国残联、全国老龄办联合制定下发的《通知》对创建无障碍环境市县村镇工作进行的部署，在"十三五"期间的目标主要有：建立健全工作机制；统筹开展无障碍环境建设与改造；达到无障碍环境市、县、村镇建设的数量要求，并开展"回头看"工作。到2020年，每省（区、市）创建5—10个无障碍环境市县，每省（区、市）创建1个无障碍环境示范村镇，对"十五"以来表彰过的无障碍环境示范市县、先进市县创建工作进行"回头看",充分发挥典型引导作用,系统提升城乡无障碍环境建设水平。

根据《无障碍环境建设"十四五"实施方案》所述,"十三五"期间"无障碍环境市县村镇创建工作深入开展,共命名 146 个无障碍建设城市(县、镇、村)"。

(2)无障碍环境市县村镇创建的中期目标。

在"十三五"创建成果的基础上,本书提出的 2025 年的目标是要根据创建工作现实情况,较之前有大幅度提升。

在工作机制方面,各地加强由政府有关负责人员牵头、相关部门参加的创建工作领导小组,健全协调配合的工作机制。在创建标准方面,保证新建无障碍设施全面达标,改造无障碍设施稳步推进。继续加大农村无障碍环境建设投入。同时,探索全新的创建工作模式,将自下而上与自上而下的工作模式相结合,在以基层申报为基础的前提下,由创建工作组主动下到基层,选择具有示范效应的市县村镇作为建设目标,多渠道开展创建工作,以培育全社会关心、支持、参与无障碍环境建设与维护的良好社会氛围。

4.大力发展信息交流无障碍

对应《"十四五"残疾人保障和发展规划》目标:"加快发展信息无障碍。将信息无障碍作为数字社会、数字政府、智慧城市建设的重要组成部分,纳入文明城市测评指标。推广便利普惠的电信服务,加快政府政务、公共服务、电子商务、电子导航等信息无障碍建设,加快普及互联网网站、移动互联网应用程序和自助公共服务设备无障碍。推进智能化服务要适应残疾人需求,智能工具应当便于残疾人日常生活使用。促进信息无障碍国家标准推广应用,加强对互联网内容可访问性的测试、认证能力建设,开展互联网和移动互联网无障碍化评级评价。支持研发生产科技水平高、性价比优的信息无障碍终端产品。"

其中列举的具体的工作包括:加快政府门户网站、政务服务平台和网上办事大厅信息无障碍建设;推动新闻资讯、社交通信、生活购物、医疗健康、金融服务、学习教育、旅游出行等互联网网站,移动互联网应用程序的无障碍改造;推进自动售卖设备、医院自助就医设备、银行自动柜员机、地铁自助检票设备、机场自主值机设备等自助公共服务设备的无障碍改造;利用图像识别、二维码等技术加快食品药品信息识别无障碍；政府新闻发布会和电视、网络发布突发公共事件信息时加配字幕和手语，医院、疏散避险场所和集中隔离场所等设置语音、字幕等信息提示装置。

《无障碍环境建设"十三五"实施方案》中明确指出，要进一步将无障碍信息交流建设纳入信息化建设规划；推广在公共服务机构和公共场所为残疾人提供信息交流服务；加强无障碍信息交流通用产品、技术的研发、推广、应用。《国家人权行动计划（2016—2020年）》中也提到了完善无障碍信息交流标准体系，逐步推进政务信息以无障碍方式发布、影像制品加配字幕，鼓励食品药品添加无障碍识别标识。鼓励电视台开办手语栏目，主要新闻栏目加配手语解说和字幕。研究制定聋人、盲人特定信息消费支持政策。

《无障碍环境建设"十四五"实施方案》提出95%与民生密切相关的互联网网站完成无障碍改造；95%与民生密切相关的手机App完成无障碍改造。并提出具体的工作措施："加快信息化与无障碍环境的深度融合，将信息无障碍作为新型智慧城市、数字乡村建设的重要组成部分，纳入文明城市、新型智慧城市评比指标，加快政府政务、公共服务、电子商务等信息无障碍建设，推广便利普惠的电信服务，加快普及互联网网站、移动互联网应用程序和自助公共服务设备无障碍，开展网站和移动互联网应用程序无障碍化评级评价，支持研发生产科技水平高、性价比优的信息无障碍终端产品。加快完善食品药品信息识别无障碍和无障碍地图应用。鼓励电视台在播出电视节目时配备同步字幕或手语，并逐步扩大配播手语的节目范围。公开出版发行的影视类音像制品应当逐步增加可供选择的无障碍功能。大数据、人工智能、物联网等深度应用于残疾人出行、居家生活、就业创业，方便残疾人获取信息和服务，充分参与社会生活。在信息无障碍建设中，充分兼顾老年人的需求，切实解决老年人使用智能技术困难问题。"

作为无障碍环境建设的重要组成部分，信息交流无障碍旨在通过信息化的手段帮助有相关障碍的人士平等、便利、安全地获取和使用信息，进行有效交流。信息交流无障碍的建设，为广大的视觉障碍者、听觉障碍者和言语障碍者带来了生活的便利。近年来，中国信息交流无障碍建设稳步推进，自2013年起，超过800家政府单位搭建了无障碍信息交流服务平台，3.2万个政务网站实现无障碍信息交流。截至2020年底，行政村通光纤和通4G比例均超过98%。①

中国无障碍信息交流发展经过了起步阶段，虽然仍存在市场有效供给不足、产品服务质量不高、社会普遍认知不强等问题，但技术的高速发展和资源资本的大量投入，为其发展提供了巨大的动力。

在相关政策的指引下，中国的无障碍信息交流建设已取得了一定的成绩，然而，随着人工智能、云计算、虚拟现实等新一代信息技术的快速涌现，在线预约、扫码支付等新业态新模式逐渐普及，在极大地方便了生活和管理的同时，也给一些残疾人、老年人带来了困扰。

这个问题随着2020年的新冠肺炎疫情突发而更加凸显，带来了所谓的"数字鸿沟"。主管部门关注到了这个问题，在推动相关行业快速发展的同时，对出现的问题也做了一些积极的应对和部署。在当年9月，工信部和中国残联联合印发了《两部门关于推进无障碍信息交流的指导意见》，着重消除老年人和残疾人等信息障碍群体在信息消费资费、终端设备、服务与应用等三个方面的障碍，并很快取得了一些进展。比如在疫情期间推出的通信行程卡服务，可以通过短信的形式为每一个人提供行程证明，这样就可以帮助很多不使用智能手机的老年人，使用短信查询自己的行程。

2025年前，5G网络规模化应用，物联网全面铺开，导航、遥感等技术得到广泛应用，将会助力信息交流无障碍上一个新的台阶。信息化水平的发展将继续推动社会生活和服务的快速变化，中期目标一方面要利用这种变化，另一方面要预防"数字鸿沟"，具体内容如下：

（1）提供更优质的基础电信服务，持续推进乡村移动网络的深度覆盖。

2020年11月，国务院办公厅印发的《关于切实解决老年人运用智能技术困难实施方案的通知》中提到"为老年人提供更优质的电信服务。持续开展电信普遍服务试点，推进行政村移动网络深度覆盖，加强偏远地区养老服务机构、老年活动中心等宽带网络覆盖"。

近些年，很多生活服务是依托智慧化服务实现的，智能手机和电脑帮助残疾人和老年人足不出户就能工作、交流、购物和娱乐消遣，同时为走出家门的活动提供预约、导航、查询等便利，所有这些都依赖于可靠的基础电信

---

① 韩鑫：让信息无障碍成为社会共识（人民时评）．2020年11月23日人民日报第05版．

服务和移动网络服务。有些乡村的信息基础设施建设相对落后，需要加快持续推进。

（2）细化和完善相关的政策法规，加强政策法规实施的监督工作。

政府需细化相关的政策法规，将相对应的法律中与信息交流无障碍有关的规定落地深化，使其具有可操作性，并对某些必需的要求以强制性规范的形式进行强制要求；明确信息交流无障碍建设各个阶段的主体和责任方；制定信息交流无障碍建设的监督评估机制，保证信息交流无障碍建设的实效。比如可由各建设主管部门、部委联合组成专项检查小组，对在要求期限内未达到建设要求的单位依据相关政策法规予以相应惩罚。

（3）进一步完善信息交流无障碍建设标准。

信息交流无障碍建设是标准建设、实践推动和技术研发相结合的系统工程。其中标准建设是基础，信息交流无障碍的发展需要一套完备的标准体系。完善的标准体系，对于政府的监管大有必要，对于规范无障碍信息交流产品企业的市场运作机制也大有必要。可以借鉴国际先进经验，首先确定标准框架，统一同类产品或软件的使用操作方法，如对网站无障碍设计和无障碍信息交流科技产品制定统一的框架指导，避免研发和实施的重复与混乱，统一方法，加强规范性。

（4）加大相关科研投入。

政府部门、残疾人和老年人社会组织作为中国信息交流无障碍建设的顶层设计者，应当加大科研投入，组建专业技术人员团队，构建核心研发平台，促进产学研相结合。鼓励研究机构和企业不断探索，突破信息交流无障碍领域的关键技术难点。

以基于多媒体融合的无障碍信息交流建设作为未来发展的重点，将信息交流无障碍和"互联网+"、智慧城市等大系统充分融合。在可穿戴设备、人工智能、虚拟现实等信息交流无障碍的新领域加大力度，从技术创新、产品服务、应用示范等环节着力，积极扶持无障碍辅助器具、智能设备、智慧场景的研制。

（5）健全相关产品的市场机制，扩大信息交流无障碍终端产品的供给。

一直以来，信息交流无障碍所需的技术和产品具有规模效益小、初始投资大的特点，给其市场化带来了一定的难度。因此，从世界范围来看，信息交流无障碍技术与产品一般由政府或公共部门提供,以政府主导、市场参与的形式发展,对于使用者给予补贴,甚至免费提供服务。

随着相关技术和产品的规模效益的显现,中国可以在借鉴国外先进经验的基础上,尝试公益性和市场性相结合的方式,为技术和产品研发或生产提供健全的市场环境,在无障碍环境建设总体布局的支撑下,调动市场能动作用。政府主管部门可制定相关政策鼓励产品开发,推动政府部门与企业间的合作,推广通用型的无障碍技术和产品的应用。

为推动信息交流无障碍技术和产品的发展,应聚焦残疾人和老年人群体的特定需求,建立信息与服务相结合的技术创新平台,重点推动与残疾人和老年人基本生活密切相关的网站、手机 App 的适老化改造,鼓励无障碍智能设备的生产,提供适合老年人的使用模式。同时做好残疾人和老年人个人信息安全保障工作,严厉打击电信网络诈骗等违法行为。

5. 建立完善的针对特定人士的应急救助系统

(1) 填补中国残疾人和老年人应急疏散法律法规的空白。

现有的关于应急疏散和救助的法律法规多是以健全人为基准对象,残疾人和衰病老年人的安全疏散与救助问题长期以来一直是一个棘手的问题。然而,在应对火灾等突发灾害时,行动不便、感官衰退的残疾人和老年人的获取信息能力和自救能力远不如健全人,导致他们极易在安全灾害中成为受害者。所以亟须补充现有的法律法规,建立可靠可行的疏散施救体系,对这些人群的应急疏散和救助提供相应的支持与保障,提高特定人群在面对突发灾害时的安全系数。

(2) 加大相关科研投入,鼓励无障碍应急救助产品的研发生产。

在残疾人和老年人的应急救助方面,现在还缺乏完整的技术和产品体系,对可能适用的技术和产品缺乏评估与定位,在一些关键节点上缺乏安全可靠的技术和产品。政府、社会和企业应当聚焦相关领域技术攻关,开展针对特定人士应急救助系统、技术和产品的研发。政府部门应持续制定鼓励政策,对于开展研发与生产的个人及公司进行鼓励,以加强相关领域产品的研发与生产。该领域的研发多专业协同性较强,应通过组建不同领域的专家团队,群策群力。同时,可将其与无障碍设施、无障碍信息交流、无障碍服务的建设共同考虑。

（3）结合智慧城市、智慧社区等的建设，建立社区救助系统。

根据《智慧城市术语》，中国对"智慧城市"的定义为："运用信息通信技术，有效整合各类城市管理系统，实现城市各系统间信息资源共享和业务协调，推动城市管理和服务智慧化，提升城市运行管理和公共服务水平，提高城市居民幸福感和满意度，实现可持续发展的一种创新型城市。"

智慧社区是智慧城市中的社区级的组成部分，指利用智慧手段，整合社区的设施和服务，在社区内提供便捷的生活服务。智慧社区需充分借助互联网与物联网，涉及智能楼宇，家居、路网监控，个人健康与数字生活等诸多领域。应急救助系统是智慧社区的重要组成部分，需对残疾人和老年人有所预案，借助智慧社区进行一体化建设。应急救助系统的建立要从实际需求和障碍的类型出发提供服务。比如，可借助互联网与数字生活等技术手段，对残疾人和老年人提供一键报警服务；可通过个人健康数字监控，自动发送求救信号；对于听觉障碍人士，可提供短信报警服务。此外，还可在社区建立防火和紧急救援网络以及救助站点，确保应急呼叫能够迅速得到回应和救助。

应急救助系统的功能扩充和完善，要充分考虑中国实际情况，制定计划进行实施。在实施步骤上，应首先考虑老年照料设施，特殊教育和托养等残疾人、老年人集中的机构和相关行业，利用智能楼宇、路网监控等手段，对其加大安全保障力度。在救助等级上，应首先制定针对自然灾害和紧急状态的无障碍应急系统与管理办法，通过相关政策与现代化技术相结合，共同完善残疾人和老年人应急救助系统的建设。

应急救助的公共性很强，关系到人民的生命安全，政府有时需要采取行政命令的方式。如对电信业务经营者，要求其研发适用于应急救助的电信服务，创造条件为有需求的人士提供文字报警服务或语音报警服务。

6.无障碍环境建设水平接近国际先进水平

根据调研，中国与发达国家和地区的无障碍环境建设水平还存在着一定的差距。到2025年，中国应实现系统完备的无障碍环境；建立完善深入的法律、政策和标准体系；无障碍环境建设逐步向通用性发展；建立国际水平的无障碍领域专家及科研团队；无障碍意识深入社会观念中，公众对于无障碍环境建设的集体参与度和互动性有显著提升。中期目标是到2025年，我国整体无障碍环境建设水平达到21世纪初的国际先进水平。

（二）管理领域的中期发展目标

1.完善无障碍环境建设工作机制

对应《"十四五"残疾人保障和发展规划》目标："提升无障碍设施建设管理水平。"

无障碍环境建设是一项复杂的系统工程。为了贯彻国家相关法律法规和政策，推动相关工作的落实，近些年各地已经致力于建立无障碍环境建设长效工作机制，以联席会议制度的方式联系各部门协同工作，加强工作部署和落实督导，同时激发社会力量参与无障碍环境建设。

但是通过调研了解到，目前有些地方的相关机制体制存在着碎片化、差异化、与经济社会发展水平不适应等不可忽视的问题。各地联席会议制度执行效果不一，有的地方因为是市领导亲自挂帅，效率高，力度大；但有些地方仍存在着职责不明确、缺乏有效管控、管理重叠或缺乏管理的情况。同时无障碍环境建设长期依赖政府推动，市场化很不充分。因此亟须对无障碍环境建设工作机制进行经验总结，建立一整套完善而动态的配套机制体制作为支撑和配合，确保工作机制的效率和执行力。

无障碍环境建设工作机制的完善，应以法律法规为框架和保障，建立政府领导、市场导向、社会参与的多元主体协同工作机制。在现有的联席会议制度的经验基础上，可探索利用智慧手段建立无障碍环境建设信息管理平台的方法，探索定期跟进的动态化、精准化管理模式。

无障碍环境建设工作机制应突出全社会各个主体协同配合，形成全过程全链条全覆盖的长效协同工作机制；充分发挥市场在资源配置中的作用，运用经济手段和价值规律，形成以市场需求为导向的产业体系，发挥市场机制的作用来引导无障碍环境建设；重视非政府组织在无障碍环境建设中可以起到的作用，鼓励各类社会组织收集和反映特定人群的需求，发挥非政府组织在政府、社会和市场之间的桥梁和纽带作用。

无障碍环境建设工作机制应补足当前后评估和监管方面存在的漏洞。应加快制定相关评估和认证机制，尝试建立无障碍环境建设的第三方后评估体系，制定评估程序、评估指标，及时总结评估过程中的实施情况，为相关部门、单位或个人提供可靠的参考依据，并力求在评估中发现问题并逐步协调解决。切实加强无障碍环境建设的监督管理，通过制定一系列监管措施，强化无障碍环境建设、管理和维护的法律责任主体，明确各相关部门的行政职责和执法力度，维护无障碍法律法规的权威性和严肃性。

2. 推进无障碍环境建设宣传、研究

对应《"十四五"残疾人保障和发展规划》目标："提高全社会无障碍意识。"

社会观念中的无障碍意识对无障碍环境建设有重要的推动作用。无障碍这个理念已经出现了半个多世纪，由初始阶段，将服务对象仅仅限于肢体残疾人士，将其分离出来进行照顾，到扩大服务对象，提倡社会接纳，再到今天，为残疾人、老年人等群体提供良好的无障碍环境，由一种慈善救济，发展为政府职责和社会义务。无障碍环境建设不是一个额外的"负担"，而是惠及所有人的工作。以人为本、人性化、为人民服务，这些理念里，都包含着无障碍，提高社会的文明程度，也离不开无障碍。无障碍意识的社会认知程度，是无障碍环境建设的"底色"，直接决定着参与者的认识方向，只有全社会真正重视，认识到其必要性和重要性，无障碍环境建设才不是口号和应付。

（1）结合社会文化发展，宣传适应新时代的无障碍理念。

充分发挥以互联网为平台的新媒体的交互性、全息化、数字化、网络化等优势，以及个性化突出、选择性增多、表现形式多样、信息发布及时等特点，大力宣传通用的无障碍理念，普及无障碍知识，提高无障碍意识，扩大无障碍的社会影响力。

将传统文化中的敬老扶弱、推己及人与现代文明的包容、平等、自立相结合，倡导兼顾残疾人和老年人无障碍需求的、共享包容的生活方式，以法律约束、道德约束和社会价值约束，多层级地贯彻和宣传无障碍理念。

提高全社会的认识。广泛推介各地无障碍环境建设的成功模式和样板工程，宣传推广无障碍环境建设的先进理念、方法途径、政策法规，提高全社会对无障碍环境建设工作的认识；重点结合每年5月第3个星期日的"全国助残日"、7月28日的"全国无障碍环境建设宣导日"、12月3日的"国际残疾人日"等重要纪念日，广泛动员全社会重视并参与到无障碍环境建设工作中来，进一步聚合社会资源，营造全社会重视和支持无障碍环境建设的良好氛围；支持高等院校、科研机构成立相关研究机构，开设无障碍相关课程，开展无障碍环境建设研究，培养专门人才。

（2）制定相关的科研计划，加大科研投入。

优化无障碍环境建设领域的科研计划体系，加大国家和地方财政的投入力度，鼓励企业和社会资金投入相关领域研究。

集中力量重点开展无障碍领域的基础研究、社会公益研究和前沿技术研究。建立科学的科研项目监管模式，鼓励企业与高校、科研院所建立产学研联合的创新合作组织，促进科技资源高效配置和综合集成。

积极参与制定国际标准，吸取国外标准的先进之处，同时鼓励和推动中国技术标准走出去。

（3）加强人才培养、培训。

中国无障碍环境建设的发展为相关行业及专业人员提供了广阔的市场空间和施展才华的机会。

加强无障碍专业建设和人才培养。建立和充实中国无障碍专业教育体系，鼓励高校开展无障碍相关学科建设，开设无障碍理论及技术内容等课程；通过师资培训、专家讲座、专题研讨会等途径促进无障碍教育科普与技术交流，提高相关从业人员的认识和能力水平；汲取国内外先进经验，充分调动社会力量有效参与，开展国际化的人才评聘和学术评价工作，打造一支高水平的具有国际视野和杰出专业能力的无障碍专家队伍。

3. 加强无障碍通用技术和产品的研发应用

对应《"十四五"残疾人保障和发展规划》目标："探索传统无障碍设施设备数字化、智能化升级。"

无障碍通用技术和产品是针对残疾人、老年人的特殊需求，营造一个安全、方便、舒适的现代生活环境的技术和产品。无障碍通用技术与产品对于中国经济的提升和整个社会生活质量的提高，以及社会全面和谐发展有特殊意义。

中国的无障碍通用技术和产品起步迟，研发薄弱，市场上真正适合残疾人和老年人生理、心理特点的技术和产品少之又少，难以满足残疾人和老年人日益增长的美好生活需要。无障碍通用技术和产品在研发时除了要考虑产品功能、材料特性、体验需求、外观等要素，还要与通信、电子、软件、医疗、交通、公共服务、互联网服务等行业深度融合，确保产品的安全、实用、舒适、美观。无障碍通用技术和产品的研发应坚持自主创新，发挥科技的支撑与引领作用，着力突破核心关键技术，实现产品类型与功能服务的多元化、智能化，有序推进无障碍通用产品的升级换代，全面提质降费普惠民众。

（1）信息化助力无障碍通用产品和技术的研发应用。

工信部网站2020年发布的《工业和信息化部、中国残疾人联合会关于推进信息无障碍的指导意见》提出："鼓励信息无障碍终端设备研发与无障碍化改造……支持开发残健融合型无障碍智能终端产品，鼓励研发生产可穿戴、便携式监测、居家养老监护等智能养老设备。"

5G与人工智能的相互融合和赋能推动信息产业的变革，驱动着生产、消费、生活服务等发生变化，新场景、新模式、新产品层出不穷，给了无障碍通用产品发展的动力。过去受制于技术无法量产的产品，将变成可以普惠的大众产品。抓住这一时代机遇，无障碍通用产品和技术应在各个环节全面提升，在生产端，利用智能制造，融合信息化和工业化，提高制造和建造水平；在产品端，精准细化需求，提高性价比，解决痛点问题，增加创新频率；在供应链端，优化产品供应、物流配送、终端销售等环节；在场景端，提供体验良好的服务场景，移动支付更加安全和便捷；在营销端，实现精准营销。

（2）加大无障碍通用产品的研发力度。

无障碍通用产品是建设无障碍环境的重要保障之一。应通过科技赋能研发更安全精准的产品和技术，增加自主研发的无障碍通用产品的种类。加大无障碍通用产品的研发力度，不只限于增加科研资金的投入，对研发的企业提供政策或税收优惠，还包括通过科学研究分析建立科研攻关目录清单和计划，优先解决"卡脖子"问题和关涉民生的问题。

（3）基于以人为本理念进行无障碍技术和产品的研发和生产。

以人为本应该是无障碍技术和产品研发生产的第一原则。无障碍技术和产品研发要关注使用者的体验，以不同身体机能的残疾人和老年人生理、心理特点的需求为导向，结合工程学、设计学、材料学、生理心理学、生物力学等，跨学科跨专业开展研发和生产，重点关注造型、色彩、材料、功能、人机工程等方面的设计，注重便捷性、舒适性、可靠性、安全性等方面的评价，提升和引领无障碍技术和产品的品质。

4.建立评估、监督机制

对应《"十四五"残疾人保障和发展规划》目标:"推进无障碍设计设施认证工作……加强无障碍监督。"

长期缺乏有效的评估和监督是当下无障碍设施系统存在缺陷、无法满足社会需求的原因之一,必须建立切实可行的评估、监督机制,才能保证无障碍环境建设相关法律法规的落实;才能对实际效果有所总结反馈,从而支撑法律法规和标准规范的修订;才能找到缺失和不足之处,进行补救和完善;才能对各个领域的工作进行评价,客观公正地进行奖惩。

(1)建立健全覆盖全过程的监督机制。

首先应确定监督主体,以其为核心形成联动机制,各环节主管部门协同形成监督合力。建立健全覆盖全过程的监督机制,在事前、事中和事后的阶段进行及时监督,对不合理的目标予以提示,对偏离合理的建设目标的行为予以及时制止,通过严格的程序予以尽快纠正;建立健全、全覆盖、全方位的监督机制,避免监督盲点,督促所有参与者负起责任。

(2)填补后评估机制的空白。

现在中国各地的无障碍环境建设还未建立起一套完整的后评估机制。当务之急应建立完善的后评估体系,以科学的评估要求和指标为依据,以评估信息系统为基础,依据强制性和推荐性标准,采取强制和鼓励相结合的方式,对无障碍环境建设和维护管理进行评估,及时发现问题、总结经验,对于优秀的案例给予推广宣传。

(3)鼓励社会监督。

充分发挥各级残联、老龄办在推进无障碍环境建设中的枢纽作用,定期组织残疾人和老年人开展无障碍环境体验督导活动,强化需求导向的监督;结合无障碍环境建设信息数据管理平台,完善政府信息发布制度,确保社会监督信息互动透明化、全面化;完善听证制度,确保社会监督信息互动高效化、民主化。

(4)切实落实现有法规的奖惩机制。

为保证相关的法律法规的有效实施,引导社会观念中无障碍意识的增强,建立科学合理的奖惩机制是无障碍环境建设工作顺利进行的重要手段和方法。

从国务院发布的《无障碍环境建设条例》到地方的相关政策和文件，都有关于奖惩的条文要求，但大多并未予以执行。主要原因一是有些奖惩的数额或措施不甚合理，二是缺乏执行的细则，三是缺乏执行的主体。因此，各级政府要依据现有法律法规条款，因地制宜地制定地方奖惩管理实施办法，将奖励经费列入每年的财政预算，加强管理、严格执法，确保法规政策的严肃性和可实施性。可通过无障碍环境建设信息数据管理平台实现各部门数据共享，探索研究科学化和动态化的奖惩考核机制，推动重点领域、重点内容的建设，充分调动全社会无障碍环境建设工作的主动性。

（5）强制性监督与分级式鼓励相结合。

依托无障碍环境建设分级的后评估体系，各级无障碍环境建设主管部门应采取强制性监督与分级式鼓励相结合的方式进行监督管理。强制性监督为合规性审查，审查项目是否满足强制性规定以及约定建设要求。根据项目无障碍设施建设达到的低、中、高水平的评估，进行分级式鼓励。

（6）制定鼓励社会资本投入无障碍环境建设的优惠激励政策。

政府对无障碍环境建设引导性资金的投入，应重点用于市场不能有效配置资源、需要政府支持的薄弱环节。无障碍环境的建设，应逐渐培育市场，鼓励和支持社会资本以多元主体、多种方式，承担或参与相关工作。因此，应推动构建完善的无障碍产业投融资机制，健全社会投资回报机制，探索建立项目综合收益平衡机制。落实无障碍环境建设运营税费优惠政策，改进行政事业性收费管理政策。

五、长期发展目标框架（2035年）

《"十四五"规划和2035年远景目标纲要》提出了2035年远景目标。其中在第十四篇第五十章"保障妇女未成年人和残疾人基本权益"中第四节"提升残疾人保障和发展能力"，专门提到"无障碍"，指出要"加强残疾人服务设施和综合服务能力建设，完善无障碍环境建设和维护政策体系，支持困难残疾人家庭无障碍设施改造。"

《"十四五"残疾人保障和发展规划》提出的2035年远景目标为："到2035年，残疾人事业与经济社会协调发展，与国家基本实现现代化目标相适应。残疾人物质生活更为宽裕，精神生活更为丰富，与社会平均水平的差距显著缩小。平等包容的社会氛围更加浓厚，残疾人充分享有平等参与、公平发展的权利，残疾人的全面发展和共同富裕取得更为明显的实质性进展。"

本书构想的无障碍环境建设的长期发展目标，是在上述目标指导下提出的。

（一）建设领域的长期发展目标

1. 城乡一体化的无障碍环境

2021年6月施行的《中华人民共和国乡村振兴促进法》明确提出，应"加强乡村无障碍设施建设"，以"持续改善农村人居环境"。《"十四五"规划和2035年远景目标纲要》提出："把乡村建设摆在社会主义现代化建设的重要位置，优化生产生活生态空间，持续改善村容村貌和人居环境，建设美丽宜居乡村。"

上述这些国家法律和政策的顶层设计，对乡村无障碍环境的建设提出了更高要求，即到2035年前，中国乡村和城市达到同等的无障碍环境建设水平。作为长期发展目标的城乡一体化无障碍环境建设，可以在总结现有无障碍环境市县村镇创建工作的成功经验基础上开展，示范引导加大乡村无障碍环境建设投入，规范无障碍设施，提升无障碍信息交流，因地制宜地提供无障碍服务。

乡村无障碍环境建设同样需要规划引领，需要对居民点建设、基础设施建设、人居环境整治、历史文化保护等进行统筹规划。乡村无障碍环境建设的目标与城市有不同的特点，首先要结合改善农村人居环境进行无障碍设施建设。在此基础上结合提升乡村基础设施和公共服务水平开展信息交流无障碍建设，提供无障碍便捷的生活服务。

对于已经有一定的无障碍环境基础的城市，建议立足城市发展方式的转变，顺应城市发展新理念和新趋势，在统筹城市整体管理的基础上，结合城市更新行动，以及城市空间结构优化和品质提升，补齐短板，持续完善无障碍的宜居宜业功能。

2. 智慧城市和数字乡村中的信息交流无障碍

《"十四五"规划和2035年远景目标纲要》提出："建设智慧城市和数字乡村。"具体要求为："以数字化助推城乡发展和治理模式创新，全面提高运行效率和宜居度。分级分类推进新型智慧城市建设，将物联网感知设施、通信系统等纳入公共基础设施统一规划建设，推进市政公用设施、建筑等物联网应用和智能化改造。完善城市信息模型平台和运行管理服务平台，构建城市数据资源体系，推进城市数据大脑建设。探索建设数字孪生城市。加快推进数字乡村建设，构建面向农业农村的综合信息服务体系，建立涉农信息普惠服务机制，推动乡村管理服务数字化。"并提出具体的目标："加快信息无障碍建设，帮助老年人、残疾人等共享数字生活。"

2035年前，城市和乡村智慧化水平将会全面跃升，凭借信息科技的突破、海量数据的积累和应用场景的扩展，数字技术与实体环境将会更加深度地融合，新的解决方案和模式将会大量出现。前沿的科学技术和数字技术的结合，会给无障碍环境建设带来更大的助力。随着新型辅具、设施的出现，也会给无障碍环境提出新的问题，其中可能既有技术问题，也有管理问题，甚至伦理问题，需要及时给予应对。信息交流无障碍环境的建设要放在"智慧城市和数字乡村"的整体结构中去实现。比如在城市楼宇、公共空间、地下管网等"一张图"数字化管理和城市运行一网统管中应纳入无障碍的内容。

3. 公共交通和慢行交通全面实现无障碍化

2021年2月中共中央、国务院印发的《国家综合立体交通网规划纲要》（规划期2021年至2035年）提出："完善交通基础设施、运输装备功能配置和运输服务标准规范体系，满足不同群体出行多样化、个性化要求。加强无障碍设施建设，完善无障碍装备设备，提高特殊人群出行便利程度和服务水平。健全老年人交通运输服务体系，满足老龄化社会交通需求。创新服务模式，提升运输服务人性化、精细化水平。"

构建系统而合理的无障碍出行网络，提供均等化的无障碍交通环境与服务，基本建成覆盖全面、无缝衔接、安全舒适的无障碍出行系统，是形成真正意义上的无障碍环境的必要部分，也是城市功能和城市品质提升的必然要求。因此，为达此目的，对于城市优先发展的公共交通、自行车道、步行道等慢行网络的无障碍环境建设，应给予更大的重视和投入，并逐渐扩大强制要求的范围。

4. 智慧便捷的无障碍公共服务系统

《"十四五"规划和2035年远景目标纲要》提出："提供智慧便捷的公共服务。"具体要求为："聚焦教育、医疗、养老、抚幼、就业、文体、助残等重点领域，推动数字化服务普惠应用，持续提升群众获得感。推进学校、医院、养老院等公共服务机构资源数字化，加大开放共享和应用力度。推进线上线下公共服务共同发展、深度融合，积极发展在线课堂、互联网医院、智慧图书馆等，支持高水平公共服务机构对接基层、边远和欠发达地区，扩大优质公共服务资源辐射覆盖范围。加强智慧法院建设。鼓励社会力量参与'互联网+公共服务'，创新提供服务模式和产品。"

2021年9月施行的《中华人民共和国数据安全法》提出："国家支持开发利用数据提升公共服务的智能化水平。提供智能化公共服务，应当充分考虑老年人、残疾人的需求，避免对老年人、残疾人的日常生活造成障碍。"

提供智慧便捷的公共服务的大目标的实现，需要构建优质高效、结构优化的无障碍生活服务体系。该系统的建立以安全便捷为原则，良好的体验为导向。该系统的建立包括：在公共场所和居住社区建立智慧便捷的无障碍公共服务系统，扩大无障碍生活服务的有效供给，推动企业和机构的无障碍生活服务的品质提升，提高服务效率和服务品质，满足多样化的需求。主要包括：加强社区的公益性和基础性服务供给；完善覆盖全生命期的各类服务供给；与智慧社区、养老托育等生活服务板块融合发展；完善无障碍服务标准，健全服务认证认可制度，推动无障碍生活服务向产业化、职业化发展等。

5. 无障碍通用产品和技术形成成熟产业体系

到2035年，无障碍通用产品和技术应形成产业链和供应链，发展为成熟的产业。

应健全产业基础支撑体系。分析确定重点领域，制定产业发展规划；布局创新研发中心或实验室，攻克关键问题；搭建并完善包括计量、标准、认证认可、检验检测、质量管理等要素的质量基础设施"一站式"服务，为企业提供全链条、全方位、全过程的质量综合服务；建设生产应用示范平台。在此基础上加强产业基础能力，补齐基础的部件、软件、材料、工艺和技术等方面的短板，加大关系民生的重要产品和关键技术的开发和示范应用。以需求为导向，做好产业链和供应链的布局，力求精准施策，想办法吸引全行业各领域的资源和技术支持，从培育龙头企业和拳头产品入手，打造战略性、全局性产业链。加强产品和服务的后评估，深入实施质量提升行动，鼓励企业应用先进技术、加强设备更新和服务升级，推动产品和服务"增品种、提品质、创品牌"。持续推动产业的优化升级。借力集成电路、机器人、工程机械、医药及医疗设备等先进行业，鼓励智能制造和绿色制造，推动产业向高端化、智能化和绿色化发展。通过无障碍通用产品和技术的发展可以提升中国的整体工业化水平，推动产业发展，为中国高质量发展做出贡献。

6. 达到国际先进水平

到2035年，中国的无障碍环境将与中国经济社会的发展要求相适应，实现高质量的无障碍环境，达到同期国际先进水平。届时，在完备的无障碍相关法律、政策、标准的指导下，动态高效的机制体制的支撑下，中国的城市与乡村全面完成规范化和系统化的无障碍环境建设与改造，公共交通、公共场所、居住社区提供系统规范的无障碍设施硬件环境，信息环境全面实现无障碍化，建成智慧便捷的无障碍生活服务体系。同时，拥有产学研一体的无障碍通用产品和技术发展机制和市场。

（二）管理领域的长期发展目标

1. 拥有完备的法律、政策、标准体系

立法推动，是无障碍环境建设的重要特征，需要应对时代和社会发展，面对新问题、新需求不断地完善和调整现有的法律、政策、标准体系。

首先，完善和调整无障碍相关的法律、政策、标准体系，应以国家的大政方针为指导，作为整体战略的有机组成部分，细化深化相关内容，提出具体的要求。同时，要体现理念的提升，把服务所有人的通用设计理念逐步全面贯彻到法律、政策、标准体系中去。与社会发展相适应的完备的法律、政策、标准体系将为相关工作提供规范有序的政策环境，为明确各方定位和监管规则，健全管理体系，支持创新发展，加强市场监管提供保障。

2. 拥有完善而动态的管理机制体制

建立完善而动态的无障碍环境管理机制体制是一项需要持续进行的长期任务，包括以下几个方面。

（1）在全面提升政府及有关部门的治理能力，明确工作分工和计划的基础上，充分利用现代信息技术手段，健全完善顶层制度设计和依法长效工作机制，继续完善无障碍环境建设的工作评估、绩效考核等机制，完善动态化、常态化、平台化的管理机制体制。

（2）重点处理好行政强制和社会参与的关系、公益和市场的关系。运用智慧手段推动管理方法、模式和理念创新，精准高效满足民众的无障碍需求。

（3）利用城市和乡村治理的科学化、精细化、智能化水平的提高，完善城乡基层管理机制，推动资源、管理、服务向街道社区下沉。

（4）对强制性的法律法规和标准，建立严格完善的执行机制。推进监管能力现代化，完善以重点监管为补充、以信用监管为基础的新型监管机制，健全"互联网+监管"的监管模式，建立线上线下一体化的监管体系。加强对场所、产品和技术的安全性和适用性的监管。完善跨领域跨部门联动执法、协同监管机制，加强社会公众和新闻媒体的监督。

（5）构建市场化、法治化、国际化的营商环境。构建全国统一的市场准入负面清单制度，完善营商环境评价体系。

第四章

无障碍环境中长期发展目标的实现路径

无障碍环境建设中长期发展目标的实现将是一个逐步推进的过程，需要理清工作重点，明确工作的重点领域，找到关键问题，从广度和深度两方面逐步开展工作，才能确保目标的实现。

一、无障碍环境建设的重点领域

明确无障碍环境建设的重点领域利于把握工作重点方向，提高目标实施的效率。国务院发布的《无障碍环境建设条例》，将无障碍环境建设分为无障碍设施建设、无障碍信息交流、无障碍社区服务三个部分，是本书划分重点领域的依据。无障碍设施建设又可分为城乡建设无障碍和交通无障碍。另外，文化和社会意识是顺利开展无障碍环境建设的人文基础。本书将无障碍环境建设的重点领域确定为文化和无障碍意识、实体环境无障碍、交通无障碍、信息交流无障碍、无障碍服务五个领域，以下逐一展开说明。

（一）文化和无障碍意识

持续提升公民文明素养，是中国社会发展的重要目标。《"十四五"规划和2035年远景目标纲要》中提出要推进公民道德建设、提升公共文化服务水平。只有建立尊重、包容、平等的主流社会文化，才能推动全社会无障碍意识的普及。

无障碍环境建设的发展，需要社会文化和意识的不断进步作为基础。包容和通用的观念有利于普及平等意识，使大家都认识到无障碍环境不只是服务残疾人的，每个人都会经历身体失去某些功能的时候，在每个人的生命中总会有依赖无障碍环境的阶段。只有社会各个层面对于"残疾与社会的关系"建立现代性的认识，才能保证无障碍环境建设目标的达成。"残疾与社会的关系"的现代性认识，简单地说是建立以下共识，即对残疾人最好的尊重是平等的对待，"无障碍"不是同情，不是慈善，而是社会应当保障的基本权利。

反过来说，无障碍环境建设也有利于培育更加团结和友爱的社会氛围。客观上看，残疾人和健全人之间的机体功能存在差异，容易带来双方的隔绝，从而给残疾人为社会做贡献的意愿带来一定程度的阻碍，造成残疾人的能力"贫困";也从而带来残疾人与社会交往的意愿受到一定程度的阻碍，造成残疾人的"孤僻"。无障碍环境即是残疾人和健全人共同参与社会的条件。

针对提高全社会无障碍意识，《无障碍环境建设"十四五"实施方案》提出了以下工作措施："加强无障碍环境建设教育与培训，在住房和城乡建设、交通、工业和信息化等领域职业资格考试及继续教育中纳入无障碍环境建设的相关内容。支持高等院校、中等职业技术学校开展相关领域、学科、专业、课程建设。""举办全国无障碍环境建设成果应用展示推广活动，广泛传播无障碍环境建设法规政策标准和相关知识，继续动员高校、研究机构开展无障碍理论实践研究，为雄安新区、北京冬奥会冬残奥会等国家重要战略区域和重大工程无障碍建设提供人才和专家智力支持，参与'一带一路'残疾人事务主题活动、世界互联网大会等，讲好中国无障碍故事，服务国家外交大局。进一步营造无障碍环境建设的良好社会氛围，让关心支持无障碍环境建设的理念日益深入人心和成为公民自觉行动。"在该领域需要抓住以下重点工作。

（1）相关社会科学方面的发展。社科层面的研究可以引领社会发展，带动全社会观念、意识的转变。无障碍社会科学方面的学术研究涉及哲学、经济学、法学、教育学、管理学、政治学、新闻传播学、社会学等多个学科，当前关于无障碍的社会科学还没有形成完整的体系，内容也不够丰富。随着"无障碍"成为"显学"，响应立法、行政、管理等实践工作的需求，相关研究势必得到更多的重视。

（2）发展和弘扬传统文化。传统文化讲敬老爱幼，讲慈悲为怀，在此基础上进行发展和弘扬，剔除"宿命论"式的旧残疾人观，以站在社会角度理解的新残疾人观，为传统文化注入新思维，推动文化进步。

（3）包容性社会的文化建设。"包容性发展（Inclusive Development）衍生于可持续发展理念。与可持续发展不同的是，包容性发展避免了目标更为长远的可持续发展在实施过程中存在的种种困难，聚焦更贫穷、更边缘化的弱势群体在可持续发展中的利益。相对于可持续发展，包容性发展更加注重社会与环境，并强调通过资源与权力（机会）的分配来创造利于所有群体的公平的未来，即关注的焦点从'增长'转变为'人（社会）'和人类赖以生存的

'环境'。"[①] 残疾人社会融合的程度是社会文明进步的重要标志之一，既是一种社会理念，更是一种社会行动。包容性社会的文化建设致力于消除观念态度和体制安排等方面的障碍，推动中国社会的可持续发展。

（二）实体环境无障碍

实体环境无障碍即城市和乡村的无障碍设施与无障碍产品组成的无障碍环境，实现实体环境无障碍是无障碍环境建设的第一步。《"十四五"残疾人保障和发展规划》将无障碍设施分为四类。

（1）道路交通无障碍。城市主要道路、主要商业区和大型居住区的人行天桥和人行地下通道配备的无障碍设施；具有无障碍服务功能的人行横道交通信号灯；公共停车场和大型居住区的停车场设置的无障碍停车位；配备无障碍设施的民用航空器、客运列车、客运船舶、公共汽车电车、城市轨道交通车辆等公共交通工具。

（2）公共服务无障碍设施。医疗、教育、文化、体育、交通、金融、邮政、商业、旅游、餐饮等通用性公共服务场所中的无障碍设施；特殊教育、康复、托养、社会福利等残疾人服务设施和残疾人集中就业单位的无障碍设施。

（3）社区和家庭无障碍设施。

（4）无障碍公共厕所。

对于无障碍产品还没有严格的定义，一般是指可以在市场上以成品形式购买的，具有无障碍功能的物品。除了涵盖衣食住行的产品，有些无障碍设施也是产品，比如满足无障碍要求的电梯、门、扶手、盲道等在建筑和市政工程中使用的工业化的部件；有些辅具也可纳入无障碍产品，一般包括家庭和其他场所使用的家具和配件，以及通信、信息和信号辅助器具等。

中国的无障碍环境建设是以城乡的无障碍设施建设起步的。这些年来，中国在道路、公共建筑、公共交通、居住区和住宅等场所的无障碍设施建设投入巨大，30年的时间，不但实现了从"无"到"有"，而且很多地区已经拥有了较高的覆盖率，但是仍然不能满足社会生活的需求，在个别情况下甚至还不能满足残疾人和老年人的基本生活需求。

[①] 潘海啸，华夏，施瑶露. 基于包容性发展理念的无障碍交通环境建设［J］. 交通运输研究，2021，7（3）：2-10.

多年来，无障碍产品以专门服务于残疾人的辅具为主，品种单一，市场狭窄。尽管在包容共享理念的指导下，无障碍产品近些年开始以通用设计为原则，以尽可能便利多数人的使用为目标，应对适老和个性化的功能需求，扩大了市场，丰富了品种，降低了价格，但仍未达到体系完备、产品多样的阶段。

国务院发布的《无障碍环境建设条例》中专门有一章规定了实体无障碍环境的建设（第二章"无障碍设施建设"），对无障碍设施建设的范围、标准、责任主体等进行了规定，是城乡建设无障碍的核心和重点。

《"十四五"残疾人保障和发展规划》中专门提出了"加快发展康复辅助器具服务"的要求。提出"开展康复辅助器具产业国家综合创新试点。推广安全适用的基本型康复辅助器具，加快康复辅助器具创新产品研发生产，增强优质康复辅助器具供给能力，推动康复辅助器具服务提质升级。鼓励实施公益性康复辅助器具适配项目。完善康复辅助器具适配服务网络，加强各级康复辅助器具适配服务机构建设，支持社会力量及医疗、康复、养老机构和残疾人教育、就业、托养机构开展康复辅助器具适配服务。推广社区康复辅助器具租赁、回收、维修等服务。完善康复辅助器具标准体系，充分发挥标准对康复辅助器具产业的支持和引领作用。加强康复辅助器具产品质量检验认证。搭建产业促进和信息交流平台，继续办好中国国际福祉博览会等展示交流活动"。

针对提升城乡基础设施无障碍建设水平，《无障碍环境建设"十四五"实施方案》提出了以下工作措施："在城镇老旧小区改造、乡村振兴、农村人居环境整治、养老服务设施建设等工作中统筹开展城乡无障碍设施建设和改造，将无障碍环境建设情况纳入城市体检指标体系，开展体检评估。严格落实新（改、扩）建道路、公共建筑、绿地广场配套建设无障碍设施，加快既有设施无障碍改造，提升社区无障碍建设水平。加快推广无障碍公共厕所。推进综合客运枢纽、铁路客运站、汽车客运站、城市轨道交通车站、港口客运站、民用运输机场航站区、高速公路服务区等公共交通设施和民用航空器、客运列车、客运船舶、公共汽电车、城市轨道交通车辆等公共交通工具无障碍建设和改造，提高无障碍设施规范化、系统化水平。推进人行道净化专项行动和人行道建设，结合轮椅通行需求加强人行道改造，清理违法占道行为，完善盲道等无障碍设施。加强文化和旅游设施无障碍建设和改造。加快推进残疾人服务设施、老年人服务设施等无障碍建设和改造。开展乡村无障碍环境建设工作，加快补齐农村无障碍环境建设短板，发展农村残疾人、老年人无障碍基本公共服务，逐步提高农村无障碍环境水平。持续开展全国无障碍建设市县村镇达标验收工作，建立多方参与机制，引入残疾人、老年人等参与。""困难重度残疾人家庭无障碍改造是提高残疾人居家生活质量、助力残疾人全面发展和共同富裕的一个重要特色工作。建立民政、住房和城乡建设、乡村振兴、残联等多部门共同参与、互相配合的长效工作机制，在实施特殊困难高龄、失能、残疾老年人家庭适老化改造工作中，将特殊困难重度残疾老年人家庭作为重点改造对象之一予以优先支持；加强家庭无障碍设施建设技术指导，结合推进城镇老旧小区改造和农村危房改造等工作，支持有需求的困难重度残疾人家庭同步实施无障碍改造；积极向相关部门反映残疾人家庭无障碍改造需求，整合资源，形成合力，支持对110万户困难重度残疾人家庭进行无障碍改造，进一步扩大城乡困难重度残疾人家庭无障碍改造覆盖面。同时鼓励有条件的地区，扩大改造范围，适当提高改造标准，提升改造水平。"

本书提出的中期目标也很重视实体环境无障碍，其中，保证新建项目的无障碍设施建设百分之百合规，加大城乡无障碍设施环境改造力度，继续推进无障碍环境市县村镇创建工作，这三个目标的实现，均需要加强这一重点领域的工作。本书提出的长期目标对实体环境无障碍提出了更高的目标要求，其中，城乡一体化的无障碍环境建设，无障碍通用产品和技术形成成熟产业体系，这两个目标的实现，需要加强这一重点领域的工作。

为达成上述中长期目标，在该领域需要抓住以下重点工作：无障碍规划，无障碍建筑空间，建筑部品与细节，家具、用具、日用品、食品。

（1）无障碍规划。无障碍实体环境的建设是一个系统性非常强的工作，需要在建设工作初期制定整体的无障碍规划。这里提到的无障碍规划有大有小，内容也不尽相同。宏观城市级，中观社区级，微观小区和建筑群，都可以根据需要进行规划制定。内容上可以是空间规划，也可以是交通专项规划、设施配置规划等。但是无论规划大小、内容如何，都是以确保实现实体环境的无障碍为最终目标。

（2）无障碍建筑空间。建筑的无障碍是实体无障碍环境的一个重点。实现建筑空间的无障碍首先应该从无障碍的建筑设计开始。建筑设计中的无障碍内容主要包括无障碍通行和无障碍服务两大系统。无障碍通行流线可以确保每一个人在空间中自主地到达需要的位置，无障碍服务系统可以确保每一个人在空间中都能够自主地使用个人卫生设施和享受服务。以上两个系统达标，建筑空间即基本可以满足人们的生活需求。

（3）建筑部品与细节。建筑部品是运用现代化的工业生产技术生产出来用于建筑所需的建筑构件、部品，集合管理、生理、物理需求，建筑细节和人体的尺度与行为方式紧密相关，直接影响使用的安全、便利和体验性。完整而丰富的建筑部品与细节是实现无障碍生活的一个重要保证。

（4）家具、用具、日用品、食品。家具、用具、日用品等，可以共同列入产品的范畴，是每一个人日常所需的、实现生活功能的工具。食品，从广义讲也属于产品的范畴，无障碍通用的产品设计需要考虑到操作使用的安全简便，也需要考虑到其使用说明等信息的获取。

（三）交通无障碍

无障碍交通环境建设是无障碍环境建设中至关重要的一个方面。建设完整的无障碍出行系统，是创造包容的无障碍城市环境的重要基础。无障碍出行系统既包括宏观层面的路网和流线规划，也包括中观层面的道路设计和微观层面的地面高差、障碍物等设计细节。"无障碍环境建设需要联络出行过程中的各个环节，不仅包括长距离的公共交通出行，还包括社区范围内的出行活动；不仅包括出行者的空间移动，还包括出行前与出行中的信息获取阶段。"[1]

基于通用设计的理念，无障碍交通环境建设不再局限于乘轮椅人士的出行，逐步发展为面向所有使用群体的无障碍出行。城市交通的重要环节的无障碍问题已经得到越来越多的关注，例如轨道交通、地面公交、人行道等，并积极采用智能手段借助智慧城市的平台提升其无障碍服务水平。

尽管目前已就城市出行各个环节的无障碍有所关注，但出行全过程的无障碍仍处于初步构建阶段，出行流线上的障碍仍比比皆是，甚至出行的安全

---

[1] 潘海啸，华夏，施瑶露.基于包容性发展理念的无障碍交通环境建设[J].交通运输研究，2021，7（3）：2-10.

事故时有耳闻。根据潘海啸、华夏、施瑶露《基于包容性发展理念的无障碍交通环境建设》一文中的总结[①]，当前，中国无障碍交通环境建设中存在的主要问题为：弱势群体的需求无法在出行环境建设中获得足够的重视；缺乏对弱势群体出行安全的关注或是忽视地区间发展的差异；城乡发展不平衡，影响了无障碍交通环境建设的发展；无障碍交通环境建设需要从"依赖外界提供人工服务"转变为"为弱势群体自立提供机会"。

联合国可持续发展目标"建设包容、安全、有抵御灾害能力和可持续的城市和人类住区"中提出，到2030年，向所有人提供安全、负担得起的、易于利用、可持续的交通运输系统，改善道路安全，特别是扩大公共交通，要特别关注处境脆弱者、妇女、儿童、残疾人和老年人的需要。

在国务院发布的《无障碍环境建设条例》中对于无障碍停车位的设置和公共交通工具的无障碍提出了要求。有关主管部门应当制定公共交通工具的无障碍技术标准并确定达标期限。

本书提出的中期目标也很重视交通无障碍环境建设，保证新建项目的无障碍设施建设百分之百合规、加大城乡无障碍设施环境改造力度，这两个目标中包括实体性的交通无障碍环境建设的要求；而在大力发展信息交流无障碍中，包括利用智慧手段提升交通无障碍服务水平方面的要求。在长期目标中更是提出了公共交通和慢行交通全面实现无障碍化的要求。为达成上述中长期目标，在该领域需要抓住以下重点工作。

（1）结合城市出行环境中普遍存在的问题，开展以残疾人和老年人的实际需求为导向的精细化无障碍改造。包括交通建筑、运输工具、人行道等重要部分的无障碍改造，并保证改造后的管理维护。

（2）梳理系统漏洞，关注不同交通方式接驳的无障碍，确保不同的交通运输方式组成一个整体的无缝的系统。

（3）确保铁路客运站、高速公路服务区、汽车客运站、客运码头、民用运输机场、城市轨道交通车站、城市公共交通枢纽等各种交通运输方式与其周围的环境之间的无障碍连通，包括离开和到达区域、人行道、人行横道，以及可以上到站台和各种交通工具的水平和垂直流线空间等。

---

① 潘海啸，华夏，施瑶露：《基于包容性发展理念的无障碍交通环境建设》[J].交通运输研究，2021，7（3）：2-10.

（4）确保交通场站与交通工具之间的无障碍连接。开发安全便捷的固定或可移动设施，解决站台和车辆的连接问题，保证无障碍登机、登船。

（5）对交通工具进行无障碍提升，健全交通工具的无障碍技术标准，促进运输工具设计、生产的规范化。利用新技术、新设备推进客运列车、客运船舶、民用航空器、公共汽电车、城市轨道交通车辆等交通运输工具的无障碍提升。

（6）充分利用智慧信息提升服务。研究适用于残疾人、老年人的智慧出行服务系统。在交通场站及交通运输工具上提供智能化、多样化、便利化的无障碍出行信息服务。

（四）信息交流无障碍

无障碍环境建设的初期侧重服务于行动障碍者的无障碍设施建设，无障碍标识系统也主要是为了标识无障碍设施的位置。但是残疾人群体中，视力残疾人、听力残疾人和言语残疾人的总数远超肢体残疾人，他们依赖于信息交流无障碍融入社会。

随着智慧城市的建设，信息交流无障碍的内容已经不止于提供多种感官的信息传递模式，各个领域信息化建设的系统整合需要包含对于残疾人和老年人的服务，利用信息智慧手段提高无障碍服务效能。

《"十四五"残疾人保障和发展规划》将信息交流无障碍分为四类：

（1）互联网网站和移动互联网应用程序信息无障碍。

（2）自助服务终端信息无障碍。

（3）食品药品说明信息无障碍。

（4）应急服务信息无障碍。

国务院发布的《无障碍环境建设条例》中专门有一章规定了信息交流无障碍环境的建设。

针对发展信息无障碍建设，《无障碍环境建设"十四五"实施方案》提出了以下工作措施："加快信息化与无障碍环境的深度融合，将信息无障碍作为新型智慧城市、数字乡村建设的重要组成部分，纳入文明城市、新型智慧城市评比指标，加快政府政务、公共服务、电子商务等信息无障碍建设，推广便利普惠的电信服务，加快普及互联网网站、移动互联网应用程序和自助公共服务设备无障碍，开展网站和移动互联网应用程序无障碍化评级评价，支持研发生产科技水平高、性价比优的信息无障碍终端产品。加快完善食品药品信息识别无障碍和无障碍地图应用。鼓励电视台在播出电视节目时配备同步字幕或手语,并逐步扩大配播手语的节目范围。公开出版发行的影视类音像制品应当逐步增加可供选择的无障碍功能。大数据、人工智能、物联网等深度应用于残疾人出行、居家生活、就业创业,方便残疾人获取信息和服务,充分参与社会生活。在信息无障碍建设中,充分兼顾老年人的需求,切实解决老年人使用智能技术困难问题。"

本书提出的中期目标也很重视信息交流无障碍建设,专门提出了"大力发展信息交流无障碍"这一目标。本书提出的长期目标对信息交流无障碍建设提出了更高的目标要求,提出了建设"智慧城市和数字乡村中的信息交流无障碍",以及建立"智慧便捷的无障碍公共服务系统"这两个以信息交流无障碍建设为主的目标。其他长期目标的实现也离不开信息交流无障碍建设的支撑。为达成上述中长期目标,在该领域需要抓住以下重点工作。

(1)根据《"十四五"规划和2035年远景目标纲要》,完善升级安全高效的信息基础设施。增强数据感知、传输、存储和运算能力,加快5G网络规模化部署,前瞻布局6G网络技术储备。推动物联网全面发展,加快构建全国一体化大数据中心体系。

(2)推动无障碍环境建设信息数据管理平台的建设,实现各部门数据共享,建立科学的奖惩考核机制,监督和鼓励重点领域、重点项目的无障碍环境建设,充分调动全社会各领域工作的主动性。

(3)充分运用现代信息技术手段,加强信息化无障碍产品的开发和生产,具体工作包括以下几个方面。

加大研发力度:加大科研投入,促进产学研相结合,研究基于多媒体融合的无障碍信息交流技术,研制可穿戴设备、人工智能、虚拟现实等无障碍信息交流产品。

加大市场培育:推进信息化无障碍产品的市场成熟,加快从新兴市场向大规模市场的转化。充分发挥应用示范机制,通过示范工程建设不断完善技术体系,提高产业成熟度;建立和健全价格形成机制,通过财政补贴、税收优惠等方式进行市场支持。

强化通用性原则:利用通用设计,扩大产品的适用范围,将无障碍功能植入日常的产品中，使其能够被尽量多的人方便使用。通用性的产品具有更大的市场价值，从而具有更加综合的市场竞争力。

健全标准体系：整合工业、信息技术、通信、无障碍等领域的标准化资源，按照"急用先行、成熟先上、重点突破"的原则，加快建立信息化无障碍产品的标准体系，推动建立跨界融合的标准化技术组织。

细分需求，人性化解决问题：基于对残疾人和老年人的社会、心理等高层次需求的分析，合理细分需求，发现具体问题并人性化地去解决。

（五）无障碍服务

无障碍服务是为残疾人、老年人等提供全方位、人性化的服务。无障碍服务体系包括法规、政策、标准、行政、管理、场所、设施、产品等在内的各层级的软硬件的组合。完善的无障碍服务体系是社会文明的重要标志，是无障碍环境建设整体水平提高不可或缺的组成部分。

《"十四五"规划和2035年远景目标纲要》提出要健全国家公共服务制度体系，加快补齐基本公共服务短板，着力增强非基本公共服务弱项，努力提升公共服务质量和水平。公共服务应该具有无障碍的功能，才能更好地服务广大的残疾人和越来越多的老年人。在《"十四五"残疾人保障和发展规划》中共有165次提到服务，包括理疗康复、托养照料等专业性较强的服务内容，包括就业、教育服务等突出公平性的服务，也包括教育、金融、文化、体育等日常性的生活服务。国务院发布的《无障碍环境建设条例》中专门有一章规定了无障碍社区服务。

本书提出的中期目标也很重视无障碍服务，针对当前的短板问题，提出了"建立完善的针对特定人士的应急救助系统"这一具体目标。本书提出的长期目标对无障碍服务提出了更高的目标要求，提出了"建立智慧便捷的无障碍公共服务系统"的系统性目标。

为达成上述中长期目标，在该领域需要抓住以下重点工作。

（1）提高基本公共服务均等化水平[①]。围绕公共教育、就业创业、社会保险、医疗卫生、社会服务、住房保障、公共文化体育、优抚安置、残疾人服务等领域，明确无障碍服务中哪些属于基本公共服务标准体系，并为之建立

---

① 参考2017年国务院印发的《"十三五"推进基本公共服务均等化规划》。

标准规范。按照常住人口规模和服务半径统筹基本公共服务设施布局和共建共享，促进基本公共服务资源向基层延伸、向农村覆盖、向边远地区和生活困难群众倾斜。

（2）创新非基本公共服务提供方式。现在的无障碍服务种类仍然不够丰富，不能满足面临不同障碍形式的人的需要，主体多元化、提供方式多样化的非基本公共服务可以提供有力的补充。应鼓励社会力量通过公建民营、政府购买服务、政府和社会资本合作等方式参与公共服务供给。

（3）构建同时兼顾残疾人和老年人无障碍需求的无障碍服务体系。集中资源，提供集"智慧养老、便民服务、健康指导、残疾康复"于一体的综合性无障碍服务。

（六）无障碍环境建设保障措施

由于无障碍环境建设牵涉民生，需要多部门跨领域协同，既关系人道底线，也牵涉幸福感的提升。如果没有高效协同的保障措施，无障碍环境建设即便有清晰的目标，也无法顺畅地实现，有些目标即便能够实现，也会付出超出合理范围的时间和资金成本。

国务院发布的《无障碍环境建设条例》针对无障碍环境建设从法律法规和制度机制两方面提出了保障措施。针对无障碍环境建设监管，《无障碍环境建设"十四五"实施方案》提出了以下工作措施："加强无障碍环境设施维护管理。强化市县镇村各级无障碍环境建设工作组织领导，加强管理人员配备。进一步建立人大、政协监督无障碍环境建设的机制，推动法治化监督进程。大力引导社会力量参与，结合信息化、移动互联网技术，创新监督方式，强化社会监督意识，创建无障碍环境'共谋、共建、共管、共评、共享'局面。建立残疾人督导员督导工作机制，动员、培训、组织残疾人参与、体验、促进无障碍环境建设工作，为体验促进队伍开展工作创造条件。"

本书提出的中期目标也很重视无障碍环境建设的保障措施，管理领域的中期发展目标，均是保障措施，如工作机制、科技研发以及评估监督等。本书提出的长期目标对无障碍环境建设的保障措施提出了更高的目标要求，包括完备的法规体系以及动态的管理机制。为达成上述中长期目标，在该领域需要抓住以下重点工作。

（1）持续完善修订相应的法律法规。对残疾人、老年人的消防救灾等缺失的法规进行补充,对已经不符合时代发展要求的法律法规和技术标准及时进行修订。

(2)持续完善相应的工作机制。在现有的联席会议制度的基础上,以问题为导向,创新工作思路,加强部门协同,吸纳社会力量参与工作。

(3)建立高效实用的反馈机制。畅通信息交流的通道,建立后评估体系,加强监督和评估。利用信息智慧手段,利用无障碍智慧服务平台,收集分析实际需求和问题。

此外,还需要加大相关科研投入,加大无障碍意识的宣传等工作。

(七)应对老龄化社会的无障碍环境

中国仍处在城镇化快速发展的时期。在推进城镇化的过程中,能否充分考虑残疾人和老年人的需要,建设兼顾残疾人和老年人的无障碍环境,是中国社会发展面临的重大挑战。

人民日益增长的美好生活需要对无障碍环境建设提出了越来越高的要求。而过去的无障碍研究主要是围绕服务于残疾人,尤其是肢残人士。老年人的身体机能情况和心理状况更复杂,对适老化的无障碍技术的针对性研究还不够全面和系统,适老化无障碍环境建设还有很大的提升空间。无障碍环境建设是以提供服务于残疾人的专用设施起步的。30多年来,中国的无障碍环境建设为广大的残疾人提供了便利,随着老龄化社会的到来,无障碍环境建设的"适老性"成为其必需的特征之一,无障碍环境应具有更大的包容性,更加追求一体化的建设。

为了顺应中国由"成年型"社会向"老年型"社会转型的趋势,适老化城市环境的建设既有助于实现个体的健康发展,促进老年群体积极融入和参与社会,也有助于实现一个健康老龄化和积极老龄化的社会,是积极应对人口老龄化不可缺少的重要方面。《"十三五"国家老龄事业发展和养老体系建设规划》提出要扎实推进安全绿色便利舒适的老年宜居环境建设。第七章"推进老年宜居环境建设"中的第一节就是"推动设施无障碍建设和改造",提出"严格执行无障碍环境建设相关法律法规,完善涉老工程建设标准规范体系,在规划、设计、施工、监理、验收、运行、维护、管理等环节加强相关标准的实施与监督。加强与老年人自主安全地通行道路、出入相关建筑物、搭乘公共交通工具、交流信息、获得社区服务密切相关的公共设施的无障碍设计与改造。加强居住区公共设施无障碍改造，重点对坡道、楼梯、电梯、扶手等公共建筑节点进行改造。探索鼓励市场主体参与无障碍设施建设和改造的政策措施"。

在国家有关政策方针的指导下，"适残适老"一体化的无障碍环境的服务对象不再单纯局限在残疾人，在最近编制的无障碍方面的规范标准中，将其统称为"有无障碍需求人群"，包括所有在行动、生活、参与社会、获取信息等方面存在障碍的人，不但包括残疾人、老年人、伤病人、孕妇、儿童等由于自身生理阶段和身体原因造成生活不方便的人群，还包括其他特殊情况，比如说人在推婴儿车、提行李箱时产生的不便。障碍包括行动障碍、视觉障碍、听觉障碍、言语障碍和精神障碍。

无障碍环境建设的目标是为"有无障碍需求人群"提供平等便利的生活和参与社会的条件。以此为目标，"适残适老"一体化的无障碍环境建设要以发展不充分不平衡的问题为导向，充分了解现状，科学预测和分析未来，理性务实，推动无障碍设施环境建设和改造。

老年人对无障碍环境的要求与残疾人不尽相同。老年人身体机能特征主要是：运动功能退化、身体的平衡能力下降；感知觉发生显著的退行性变化；神经系统退化；慢性病的发病概率增高。老年人生活中的风险主要来自于身体机能的减退，老年人生活中面临的是多种障碍的综合。应对老龄化社会的无障碍环境建设，首先要构建适宜老年人特点的无障碍技术体系，重点关注以下问题。

1. 无障碍设施的适老性

无障碍设施要从老人特点出发，在尺度、造型、细部处理、材料和对心理影响等方面考虑适老性。在功能方面，应当综合考虑老年人的使用需求，从使用角度出发进行合理设置；在尺寸、曲率、形状等方面，应当充分结合老人基本的身材比例和使用特征进行合理设置；在安全方面，应了解老年人操作时产生意外伤害危险的可能性，设施的边角应消除尖锐的棱角，采用圆滑的转角进行过渡；在材料选择方面，应符合中国老年人的审美，并与人文环境结合，同时需要与气候环境相契合。

2. 公共生活的适老性

老年人的公共生活主要包括两个方面，一是无障碍地出行，二是无障碍地参与社会性的公共活动。

在无障碍出行方面,又可细分为公共交通出行和步行出行。相对于自驾小汽车,老年人更多依赖公共交通进行城际旅行和市内交通,无障碍的公共交通不但要考虑场站和交通工具实体环境的无障碍,更不能忽略查询、购票、信息引导等服务方面的适老化。

支持老人能够自主地参与社会活动,甚至通过工作、志愿者等行为为社会做出贡献,不但对于老年人的身心健康非常重要,对于社会的可持续发展也是非常重要的。为达成此目标,在公共场所营建的无障碍环境要兼顾适老性,考虑老年人的身心需求是首要条件。例如在老年人经常使用的台阶、楼梯处强制要求设置扶手,标识大字体易辨识,交通流线简洁易理解等。

3. 居家生活的适老性

住宅的适老化已经引起各级政府和全社会的广泛重视。住宅的适老化一方面要保证老年人居家生活的安全,另一方面要结合老年人的身体特征提供便利,同时还要考虑老年人的心理健康。

居住区的室外活动场地是老年人日常主要的室外活动场所,其中老年人经常使用的无障碍设施包括室外座椅、标识、健身设施、储物设施、照明设施。这些设施现在已经得到重视,但从家到场地的无障碍通行,场地内的无障碍活动路径,以及无障碍厕所的设置,是现在经常被忽略的问题。

适老化的居住单元也有一些方面不同于残疾人使用的无障碍住房,现在执行的标准中无障碍住房主要考虑的是乘轮椅人士的起居,而老年人感官衰退,并且在家里时间较多,所以居室的声、光环境应该更加讲究,并提供能够晒太阳的休憩空间。而卫生间和厨房由于地面湿滑带来的跌倒危险,是老年人家居伤害的重要因素,需给予特殊的预防措施。

二、无障碍环境建设的关键问题

综合分析上述无障碍环境建设的重点领域,梳理出当下对于提升无障碍环境有决定性影响的关键问题。无障碍环境建设应以解决关键问题为切入点,逐步展开工作。

(一)公共空间和公共服务设施

顾名思义,公共空间是一个"空间"的概念,主要包括:室外公共空间,如公园、广场、道路、停车场等；室内公共空间，如商场、活动中心、医院、银行、地铁站及火车站等；居住社区的公共空间，如小区公共活动场地、绿地、社区服务建筑等。而公共服务设施是指由政府或其他社会组织提供的、供社会公众使用或享用的公共建筑或设备，主要包含教育、医疗卫生、文化体育、商业服务、金融邮电、市政公用、行政管理等类别。

城市公共空间和公共服务设施是残疾人和老年人参与城市公共生活的场所，保证其基本的无障碍条件是城市人性化的"底线性"的要求。目前，中国城市公共空间和公共服务设施无障碍环境的系统性与通用性不足，甚至有些存在着安全性、适用性等方面的问题。因此，城市公共空间和公共服务设施的无障碍环境建设应作为城市建设的重要工作，一方面应认识到其紧迫性，结合城市更新和旧城改造，充分运用城市空间里现有的条件，加紧补齐短板；另一方面应有计划、分步骤地持续提升。

1. 室外公共空间

室外公共空间的无障碍环境建设涉及市政建设、道路交通、公共交通、园林景观、信息交流、社区服务等诸多方面，是一项综合性的系统工程。目前，其无障碍环境建设的主要问题，从体系上看有流线不连续、组合不合理、配置不均衡的问题；从建成的无障碍设施看，有建设不合规、缺乏严格的验收和后期管理维护的问题。例如近些年问题比较突出的室外行进盲道的铺设，常出现"断头路"、起伏过大或者转角过多的情况，不但不便于视觉障碍者的适用，甚至带来安全隐患。要解决这些问题，需要开展以下工作。

（1）构建系统性的城市无障碍步行流线。

城市的无障碍步行流线是连接城市内各公共空间、公共服务设施和居住场所的脉络。将实体环境的建设与智慧城市管理相结合，构建系统性的城市无障碍步行流线，是残疾人和老年人能够"走出去"的基本条件。

对于城市的无障碍步行流线，须首先立足整体效能进行规划，并将其纳入城市空间规划，确保城市中各主要室外活动场所、公共建筑出入口、居住社区的道路（城市支路和组团内道路）和住宅出入口之间的无障碍连接。在规划的指导下，对于无障碍步行流线上的人行道、过街天桥、过街地道等进行无障碍设计和施工，并落实验收和维护。同时，利用智慧城市平台，对城市的无障碍步行流线的实用情况进行采集，保证问题能够得到及时反馈，不但为其日常的使用保驾护航，而且为规划的调整、环境的提升提供依据。

（2）提供舒适健康的无障碍休憩空间。

休憩空间是城市和社区中人们缓解疲劳、接触自然、随机交往的空间场所，无障碍休憩空间能够促进社会的融合，创造包容性的社会氛围。对于残疾人和老年人来说，无障碍休憩空间能够帮助他们融入社会，对其身心健康具有非常重要的意义。所以无障碍休憩空间应当成为城市无障碍公共空间体系的重点节点。

无障碍休憩空间的布局，是城市空间规划应该明确的内容，一般来说，如没有地形等方面的特殊性，所有的城市休憩空间都应该做到"无障碍"。对于具体的街心公园、城市广场等休憩空间，无障碍流线、人性化的休息设施、卫生设施、植物配置等都是需要精心设计、实施和维护的内容。

（3）城市无障碍步行流线和无障碍公共交通的便利接驳。

步行流线与公共交通的无障碍接驳主要包括道路行进和过街设施的接驳、轨道交通与城际高铁客运站的换乘接驳、轨道交通与地面公交的换乘接驳、轨道交通与机场旅客航站区的换乘接驳、远郊地区的轨道交通站点首末站和各类交通接驳等。无障碍接驳既包括无障碍通道、无障碍交通工具、无障碍上落客区等物质性的接驳，也包括无障碍标识系统、无障碍服务系统等软性系统的接驳。

步行流线与公共交通的无障碍接驳是当今中国城市无障碍环境的突出不足之处。因为涉及不同建设和管理主体之间的协调，解决起来比较困难，需要城市综合治理能力和创新务实的工作机制的支撑。

2. 公共建筑与公共服务设施

公共建筑的无障碍设施建设存在行业间发展不平衡的情况。交通（机场、高铁、地铁）、金融服务、电信营业厅等类型公共建筑的无障碍设施较完善，其内部的无障碍通行设施、无障碍服务设施、无障碍标识等基础设施往往能够达到要求的建设标准。而小型的商业、餐饮等公共建筑的无障碍设施缺失比较严重。此外，旧有公共建筑的无障碍设施不但与现有规范标准差距较大，而且甚至不乏"建时即不合规"的情况，其无障碍改造工作存在一定的难度。新建的公共建筑要做到百分之百合规，也是个艰巨的任务。具体工作可以借助以下几个抓手。

（1）抓住重点工程，以点带面。

以重点工程带动建设水平，是中国长期积累的行之有效的建设经验。重点工程等于建设重点和关注热点，资金投入和社会关注度都比较大，对建设高标准高质量的无障碍环境提供了有利的条件。尤其是很多大型公共建筑都是所在城市的重点工程。以重点工程为契机，将高标准的无障碍环境作为优秀范例加以推广，以点带面，将为无障碍环境建设工作提供广泛的社会关注度，从而为其他项目提供参照依据，鼓励其向高水平看齐。

（2）构建"一刻钟无障碍社区服务圈"。

"一刻钟社区服务圈"是指社区居民从居住地出发，在步行15分钟范围内，能够享受到的基本社区服务。为这个"服务圈"提出一个"无障碍"的功能要求，是保证残疾人和老年人享受到方便、快捷、舒适的社区服务的前提。

"一刻钟社区服务圈"的无障碍环境建设应以系统性为原则，连接居家、上下楼、社区内及社区外出行、公共建筑多个空间层级，形成出行与回家的闭环。同时，参考居住区千人指标配建标准，将小区物业、餐馆、菜市场、广场公园、医院、银行、邮局、公交站、地铁站等16类公共服务设施，根据"一刻钟社区服务圈"进行无障碍服务设施布点，使残疾人和老年人在适当的出行距离内均可以享受到无障碍服务设施带来的便利。在进行无障碍设施布点建设时，需着重改善各个层级无障碍环境的衔接部位，并重点优先建设满足残疾人和老年人生活刚性需求的医院、银行、菜市场、大超市和公交站5类公共服务设施，陆续推进偏好需求场所的建设，整体完善无障碍环境。

（3）加强老旧建筑的无障碍提升改造。

从现实情况来看，中国城乡存在大量尚未按标准配建无障碍设施的老旧建筑。本书的中期目标提出，要加大改造力度，推进金融、医疗、交通等重点公共服务建筑的无障碍改造工作。

相对于老旧居住小区，老旧公共建筑的无障碍改造条件较宽裕，但受到场地环境、现状情况、资金技术等多种条件的限制，老旧公共建筑的无障碍提升改造工作也需要通过科学分析确定可行的目标并有计划地推进。对于公共建筑的无障碍改造，可以采取强制和鼓励相结合的原则。公共建筑的无障碍提升难点往往在于现有的空间条件的限制，对于一些确实存在改造困难的，如临街店铺、历史性建筑等，应允许采用服务的方式弥补；而对于涉及民生的公共建筑，政府应制定硬性的、底线性的目标，强令责任方整改；对于较高标准的改造，可以通过高等级认证、授予称号等方式给予鼓励。

（4）转变医疗服务建筑的管理及服务意识。

如今，现代医院模式已从单一的生物医院模式走向"生物—心理—社会"的新医学模式。因此，现代医疗服务建筑的无障碍环境建设应注重营造医疗与生活兼容的空间环境及服务管理意识，不但要满足医学技术要求的功能，更要注意人性化价值观念的需要，促进医疗环境走出"纯技术"局限，达到服务于人性的高层次追求。

（5）商业服务建筑提高无障碍服务水平。

商业服务建筑类型比较多，尺度跨度比较大，包括各类购物场所、餐饮场所、旅馆等，宽泛地说还包括银行、证券等金融服务建筑，邮局、电信局等邮电建筑，以及近些年蓬勃兴起的花样繁多的娱乐建筑。在商业服务建筑内提供的无障碍服务，一方面应确保残疾人和老年人可以方便地使用和体验商业服务项目，另一方面通过有针对性的服务项目，比如智能导购、送货上门等，提供更加细致的服务。对于直接和消费者接触的一线服务人员，要进行观念、礼仪和知识的培训，服务时要有足够的耐心与包容。

（6）需求推动文化休闲设施无障碍环境建设。

文化休闲设施的目的是促进人与人的交往、人与自然的交往，提供游乐和文化享受。近些年文化休闲设施的类型日益丰富，功能日益综合，往往室内外能够形成一个完整的体验环境。从社会现阶段的特点来看，一家人，老老小小共同出行的文化休闲活动越来越多；另一方面，残疾人和老年人保持身心健康需要文化休闲活动。因此，文化休闲设施的无障碍需求已经成为一个大众化的"刚需"。无障碍需求的增长和加强，使得从事文化休闲设施的机构和企业将其视为市场增长点，对于无障碍环境建设的主动性更强。

3. 社区

2000年，中共中央办公厅、国务院办公厅转发《民政部关于在全国推进城市社区建设的意见》，《意见》中提出："社区是指聚居在一定地域范围内的人们所组成的社会生活共同体。目前城市社区的范围，一般是指经过社区体制改革后作了规模调整的居民委员会的辖区。"

社区包括辖区内的实体环境，即各种室内外空间，以及由政府、居委会、企业及社会力量提供的社区服务。所以社区的无障碍环境建设需要构建覆盖住宅、室外环境、社区配套三个层面的软性、硬性环境建设。残疾人和老年人的活动能力与活动范围受限，更加依赖社区内部和周边的环境与设施配套。

在贝壳研究院《2021社区居家养老现状与未来趋势报告》的调研中，65.5%的老年人独立居住（一个人居住或与配偶同住），与子女同住比例逐渐下降，即使在80岁及以上高龄群体中，独立居住占比仍高达48%。[1]居家养老的居住和社区环境应提供适老化无障碍环境，社区服务也要增加针对老人的服务项目。

安全性问题是社区无障碍环境建设的首要问题。室内外缺少必要扶手，地面的平整防滑不足，呼叫或报警装置缺失等问题仍比较普遍。另一方面，残疾人和老年人对社区服务也提出了一些特定的需求，例如紧急呼叫、走失定位、陪同出行服务等。

居住环境的无障碍适老化改造是城市更新的重要议题。在实体环境方面，一方面完善无障碍设施体系的需求最为迫切，另一方面社区改造须提供无障碍的活动场所，满足残疾人和老年人的精神生活需求。因此，需要相关责任部门在建设前要深入社区充分倾听民意，将无障碍改造和适老改造排在老旧小区改造的重点及首要的位置。

智慧社区作为一种创新型的现代化社区治理、区域治理手段，将其应用在社区服务中可以取得良好的社会效果，尤其对达到无障碍的目标很有助益。

（二）管理体系

现阶段，中国的无障碍设施建设工作中存在着"重建设，轻管理"的突出问题，主要表现在管理松懈，对于已建成的无障碍设施缺乏有效的管理与监督；权利与责任主体不明确，对于已建成的无障碍设施缺乏有效的维护和更新。

1. 以无障碍技术标准为基准建立全过程无障碍专项管理机制

行政主管部门应当依据现行的无障碍国家和地方标准编制相关管理和审查要点，加强全过程无障碍专项管理。

---

[1] https://www.163.com/dy/article/GMBDC9E30514R9NP.html.

在工程建设前期阶段，应根据任务要求和投资情况，明确符合项目自身特点的无障碍建设标准，为项目的设计、施工、验收等阶段提供相关准则，避免出现由于前期定位偏差或对无障碍环境考量的缺失，造成后期由于资金不足而导致的无障碍设施不足、质量不过关、建设不合规等情况的发生。

在工程建设准备阶段，应加强设计监督。将无障碍设计纳入设计审查体系，在各审查环节作为重点内容予以考虑。建立相关设计审查要点，依托第三方咨询机构、专家团队等进行审查，及时反馈审查意见，对不合规的设计即时指正；对设计文件深度明确要求，避免无障碍相关内容设计深度不够、不符合规范等问题的出现。

在竣工验收阶段，应建立适宜的后评估和考核机制，综合系统和设施两方面建立专项验收标准。严格控制验收不合格的设施不得交付使用，并由各建设行政主管部门责令改正，并依法给予处罚。

无障碍环境建设是一项一环扣一环的系统工程，当无障碍设施建设达到一定的覆盖率后，对其使用的有效管理与监督就显得尤为重要。应当建立项目全过程无障碍专项管理机制，并与其他环节协同配合，共同确保无障碍环境建设质量的可持续与高标准。

2. 明确责任主体

中国已建成无障碍设施遭遇人为破坏、侵占、废止等情况频频发生的原因，与维护无障碍设施的权利和责任主体不明确有关。由于相关的法律法规对无障碍设施维护的承担主体没有形成统一的明确规定，每当无障碍设施遭到人为破坏、侵占时，无法在法律上给予其相应的惩罚，这在一定程度上助长了消极甚至负面的行为。

建议将无障碍设施建设和管理纳入城市精神文明建设的重要内容，提高社会各方面的重视程度，规划、建设、市政等部门各司其职，依法对无障碍设施的建设、养护、使用等实施管理。相关责任部门可成立专项维护小组，与其他有关部门密切合作，加大无障碍设施管理力度。同时，应当明确具体无障碍设施的责任人，并建立长效负责机制，责任人负责对无障碍设施进行日常维护和管理，以确保其正常使用，且做到及时修护。

3. 鼓励社会监督

合理地利用媒体与网络等多种宣传渠道，对公众进行无障碍理念及无障碍环境建设的宣传，鼓励全社会积极主动参与到对无障碍环境建设的监督之中。可通过向社会宣传残疾人和老年人的权益保障有关法律法规，促进全社会对于无障碍环境建设重要性的认可和认同；可对无障碍设施的使用方法及作用进行详细的讲解，让公众进一步地认识到无障碍设施的重要作用，进而能够自觉地对无障碍设施进行保护；可鼓励对有违法违规行为的组织或个体进行举报，对举报人给予嘉奖；可通过在公共媒体投放公益广告或公益宣传片的方法，潜移默化地促使全社会公众树立"人人平等"的意识，发扬中华民族扶弱助残的优良美德，让民众形成关爱和帮助弱势群体的理念；可鼓励弱势群体参与无障碍环境建设的宣传工作，以切身经历与体验健全社会对于无障碍环境建设意义的认知，实现全民参与的目标。

（三）技术体系

无障碍环境建设的技术体系所涵盖的内容较广，包括空间实体环境即城市和建筑的室内外空间环境系统，还包括无障碍信息交流、无障碍服务等软性的技术系统，以及无障碍产品的研制、生产和加工的技术体系。现阶段，中国无障碍技术体系的建设主要呈现出缺乏产品技术体系、缺乏服务技术体系、技术标准中的参数缺乏自主研究、技术标准更新缓慢、无障碍技术体系标准推广力度不够等问题。

1.针对重点技术和参数展开研发

中国学术机构在无障碍技术的研发与内容供给方面不断探索，有力地推动了各个领域无障碍环境建设的进步。新时代下，无障碍环境建设的进一步发展更加依赖于科技和技术支持，因此需要进一步加强对重点技术和参数的自主研发与创新能力。

政府和企业是研发的主要发起方。应积极组建先进的研发机构和优秀的研发团队，成立以无障碍相关技术难点为主要研究方向的研究所、实验室等，对难点技术和技术标准中的重点参数开展自主研发，布局前沿基础研究；应设置基金支持健全完善技术参数体系，支持开展核心技术攻关和重点参数研发应用；应在国家鼓励发展科技创新型企业大方向指引下，鼓励研究型企业结合实践经验参与到国家、省、市各级科技项目。不懈努力增强中国在无障碍技术体系方面的自主研发能力，突破重点参数技术难点，增加自主研发成果的应用，是中国无障碍环境建设持续发展的核心动力。

2. 搭建无障碍服务技术体系

制定一套具有普遍指导意义的无障碍服务技术体系是无障碍环境真正达到实效的重要环节。同时，无障碍服务技术体系的构建不是孤立的，需要与实体环境建设和信息交流无障碍建设协同配合。

无障碍服务技术体系的建设应当遵守全面性、可操作性及系统性原则。无障碍服务是一个较新兴的服务领域，具有业务领域众多、业务类型复杂的特点，其技术组织和人才队伍的建设应涵盖多领域；无障碍服务是一个注重实效的工作，应组建无障碍服务质量评估团队，加强评估培训，提高评估工作整体水平，并建立与之相配套的服务质量评价监督机制；无障碍服务可借力智慧生活服务，应努力提高无障碍服务的智慧建设，提高信息普及度及透明性，使其能够有效地服务于弱势群体及其家属。

3. 完善无障碍信息交流技术体系

无障碍信息交流涉及领域广泛，涵盖软件、硬件、网络、通信等诸多技术领域，建立各技术领域之间的协同系统，构成完善的技术体系是确保信息交流无障碍的前提。

该技术体系的构建应立足信息通信行业的特点和优势，结合精细化的无障碍需求，推动信息技术在无障碍环境建设中的广泛应用。具体工作一是尽快形成完善的信息交流无障碍标准体系；二是开展信息交流无障碍关键技术研究，并推广相关业务的示范和应用；三是积极推动无障碍智慧服务平台的落地，为残疾人和老年人提供便捷的服务网络渠道。

4. 建立符合通用设计原则的设施和产品标准

电梯、台阶、楼梯、扶手、个人卫生等设施和人的生活紧密相关，而且日常生活使用频率很高，应最先达到通用共享，满足包括残疾人和老年人在内的所有人的使用。因此需要在现阶段主要服务于残疾人和老年人的无障碍标准规范的基础上，建立这些设施和产品的通用设计标准，在确保设施安全性与可靠性的基础上，尽可能提高其通用化水平。

三、无障碍环境建设的保障措施与政策

无障碍环境的保障体系可以分为两大部分，一是支撑体系，从强制性的法规，到政策性引导，到形成一个包容共享的社会观念；一个是实现的途径，

过去一段时间，无障碍环境建设更多依赖政府强制和社会公益，要逐渐增加市场参与力度。而以科技创新带动技术和产品的提升是无障碍环境建设水平提升的重要动力，现在仍有很多棘手的问题等待技术进步。

（一）完善相关法律、政策、标准

针对推进无障碍环境建设立法，《无障碍环境建设"十四五"实施方案》提出了以下工作措施："加快推进出台无障碍环境建设促进法，完善处罚和激励措施，切实为我国无障碍环境建设工作开展提供法律保障。各地要结合地方实际，加快制定修订地方无障碍环境建设法规规章，加强法规规章执行情况监督检查，推进落实。""推动制定鼓励无障碍改造、既有设施无障碍改造豁免、无障碍设计设施认证、无障碍环境建设公益诉讼等政策。制定修订《建筑与市政工程无障碍通用规范》《无障碍设计规范》《无障碍及适老建筑产品基本技术要求》以及信息无障碍等相关标准，完善无障碍环境建设标准体系。"

从世界各国的经验来看，无障碍环境建设的重要特点就是分层级的法律体系支撑，中国也不例外。几十年来，从中央到地方，中国已经建立了比较完善的支撑无障碍环境建设的法律体系，出台了涵盖不同方面的政策，以技术标准为主的标准体系已经基本形成系统。但仍存在实操性不强，对于服务、运营、维护强调不够等问题，仍需随着中国社会的快速发展调整完善相关工作。因此，围绕本书提出的中期和长期目标，建议开展以下工作。

1.围绕国务院发布的《无障碍环境建设条例》完善配套的法规和技术标准

国务院 2012 年发布的《无障碍环境建设条例》对无障碍设施建设、无障碍信息交流、无障碍社区服务以及相关法律责任做了规定。《无障碍环境建设条例》原则性较强，实施近十年来，仍有些条文缺乏下一层级的具体规定，以致难以在实际工作中操作。

在无障碍设施建设方面，《无障碍环境建设条例》第 16 条要求，"视力残疾人携带导盲犬出入公共场所，应当遵守国家有关规定，公共场所的工作人员应当按照国家有关规定提供无障碍服务。"但未对不同场景下携带导盲犬的视力残疾人的权利和义务进行详细规定，也没有建立系统的规范指导，同时，对于公共场所、公共交通工具的工作人员非法阻碍导盲犬进入的，没有相应处罚办法。《无障碍环境建设条例》第 17 条要求，"无障碍设施的所有权人和管理人，应当对无障碍设施进行保护，有损毁或者故障及时进行维修，确保无障碍设施正常使用。"但至今关于设施所有权和管理人如何履行对设施维护职责，还没有明确的要求和完备的流程。

在无障碍信息交流方面，《无障碍环境建设条例》对县级以上人民政府及相关部门、升学考试、公共场所和电信业务经营者均提出了相关要求。但至今在无障碍信息交流方面的工作以技术标准为多，而对于如何具体落实到某个服务场景缺乏明确的细则。同时无障碍信息交流建设还未被纳入相关法律法规中进行强制性实施，导致目前仍未在很多网站、公共场所或电信业务中得到普及，建设水平仍参差不齐，甚至因为过于复杂的信息化服务，造成老年人群体难以掌握，给他们带来了信息"障碍"。

在无障碍社区服务方面，《无障碍环境建设条例》中的要求涉及紧急呼叫系统的无障碍建设，但至今还未出台相关的专项技术标准，未提供统一和专业的技术准则，同时也未明确责任。此外，《无障碍环境建设条例》第29条要求，"对需要进行无障碍设施改造的贫困家庭，县级以上地方人民政府可以给予适当补助。"从各地情况来看，个别地方已经完善了具体补助政策与办法，但大部分地方仍缺乏涵盖从改造申报直至改造完成全过程的管理办法，无法确保对于贫困家庭的资金补助到位并产生实效。

在法律责任方面，《无障碍环境建设条例》要求，对不符合无障碍设施工程建设标准的道路、建筑、设施等，依法给予处罚。到目前为止，尚未建立针对此项的相关处罚条例。而对于侵占无障碍停车位或盲道等个人违规行为，对于无障碍环境建设主管部门工作人员滥用职权、玩忽职守、徇私舞弊的行为，也缺乏可以落地的处罚办法。

以上列举，说明当前法律法规和技术标准还无法全面支撑《无障碍环境建设条例》的有效实施，应尽快对其进行进一步的完善与补充，为无障碍环境的建设提供更强有力的法律支撑与技术支持。

2. 修订《无障碍环境建设条例》

《无障碍环境建设条例》经过近十年的实施，带动了中国城乡无障碍环境建设的整体发展。但随着中国城乡建设水平与要求的不断提高，也暴露出诸多问题。首先，一般理解条例类的法规应当更加突出建设标准与管理要求，并在这两个层面做出详细规定。目前《无障碍环境建设条例》只提出各项工程建设均应符合"无障碍设施工程建设标准",这里的"工程建设标准"在实际工作中往往被理解为设计与施工环节的标准,并未对包括策划定位、可行性研究、运营维护在内的无障碍环境建设的全链条进行把控。建议对《无障碍环境建设条例》进行修订,明确建设方需遵循及达到的总体建设标准,从建设前端开始至设施使用的全生命周期进行规范,制定各部门需承担的职责与遵守的规定,实施的处罚与鼓励政策,完善建设标准与管理要求。

此外,《无障碍环境建设条例》在无障碍信息交流及无障碍社区服务方面,提出了诸多细化的具体要求,但缺乏站在宏观角度制定相应管理措施,提出系统化的建设策略。建议《无障碍环境建设条例》修订时,明确提出各部门与机构需遵守的相关建设要求,推动出台相关的政策和标准。

《无障碍环境建设条例》还规定,建设部门与个人或无障碍设施所有人在违规后需进行相应处罚,但具体的处罚措施与制度没有明确,建议修订时明确提出建立赏罚并重的考核机制,设立专项资金用于无障碍信息建设与社区服务,同时由主管部门提供相应技术支持,惩罚与鼓励相结合。

同时,《无障碍环境建设条例》的修订应与其上下游相关法规及标准的编制和修订相辅相成、共同促进。因此,建议有计划地完善相应法律法规,形成系统性的法律法规体系。《无障碍环境建设条例》的内容应与时俱进,以满足新时代对无障碍环境建设提出的新要求。

3. 鼓励制定或者修订地方无障碍法规标准

建议各地政府及相关部门积极鼓励编制或修订符合当地无障碍发展水平与特色的无障碍环境建设管理办法,对不同场所和服务的无障碍环境建设定位及标准提出明确要求,在建设前端进行规范,以保障各地的无障碍环境有序高效发展。

建议各地政府及相关部门积极鼓励进一步修订完善与无障碍环境建设相关的城市公共设施建设规划。近些年,为响应高质量发展目标,很多城市建设在绿色、工业化等方面均制定了提升发展战略,并配有各层级标准规范。但城市公共设施的无障碍环境建设水平却改善乏力,北京市认识到了这个问题,2021年12月30日,由北京市规划自然资源委与市场监管局联合发布了由笔者主持编制的北京市地方标准《公共建筑无障碍设计标准》,并于2022年7月1日起实施。该标准强化了公共场所无障碍环境设计的系统性要求,提高了公共场所无障碍环境设计的便利性要求，新增了社会迫切需求的无障碍设施要求，提升了重点公共场所的无障碍设施配置要求，发展了公共场所信息交流无障碍与无障碍智慧服务要求。

建议各地政府及相关部门积极鼓励完善本地无障碍环境建设的标准规范体系，根据本地的经济技术发展水平、居民的生活习惯，分析不足，从最迫切的问题着手，以标准规范带动本地无障碍环境的逐步提升。

（二）加强体系建设，推进体制改革和机制创新

针对落实无障碍环境建设推进工作机制，《无障碍环境建设"十四五"实施方案》提出了以下工作措施："建立无障碍环境建设协调领导小组或部际联席会议制度，定期协商研究推进无障碍环境建设相关问题。推进将无障碍环境建设纳入信用体系，纳入文明城市、智慧城市、数字乡村建设内容。各地要推进将无障碍环境建设纳入国民经济和社会发展规划、城乡建设相关规划、残疾人保障和发展规划、老龄化、信息化规划等，制定本地无障碍环境建设'十四五'实施方案，明确任务目标和工作措施。"

无障碍环境建设需要依据国家规划和战略，结合文明城市建设、国家老龄事业发展和养老体系建设规划、健康中国行动、基本公共服务均等化规划、城乡一体化、特色小镇、社区改造、城市更新等与其发展密切相关的发展规划，从战略导向、政策引领、平台建设、基础研究、发展建设、运营监管等方面着力加强，促进中国经济社会持续健康发展。因此需要加强部门合作沟通配合，在完整的工作体系的基础上，推进体制改革和机制创新。

只有构建出一个运行良好的完整的工作体系，才能完成以下工作。

（1）强化规划政策引导，全面布局的同时协调推进重点项目和示范项目。

（2）完善管理体系，形成强制和鼓励相结合、法规和市场相结合的各级政府、不同部门系统化的工作机制。

（3）建立各级无障碍环境建设统筹管理综合平台及交流机制，推动相关政策制定。

（4）健全评价机制，对无障碍环境进行事中、事后的监管和运行分析，适时开展建设项目后评估，及时动态调整。

（5）健全标准体系，强化标准贯彻执行和推广。

（6）制定重点服务领域监管目录、流程和标准，构建高效协同的无障碍服务监管体系。

（7）促进领域内各行业合作，国内外合作，加强研究机构、建设单位、设计单位、生产厂商之间的合作，推动理论研究和技术研发，营建市场化的产业结构，带动产业提升。

只有持续推进体制改革和机制创新，才能完成以下工作。

（1）营造创新环境，创新适应新需求、新模式和融合发展需要的财税、金融、价格等政策。

（2）鼓励社会力量全面参与无障碍环境建设，创新投融资模式，吸引民间资本进入，形成多层次、多元化投融资格局。

（3）实施更加开放包容、互惠共享的合作战略，更加主动融入全国和全球的创新网络。鼓励无障碍通用技术和产品积极布局海外市场，并以多种形式拓展"一带一路"市场，提高其在国际上的认可度，培育具有国际竞争能力的企业和品牌。

推进体制改革和机制创新的具体措施包括以下几个方面。

（1）研究建立无障碍领域国家级智库，开展技术研发、产业发展前瞻性、战略性等重大问题研究，对重大决策提供咨询评估。

（2）健全无障碍环境建设的监督评估和效能评价机制，定期开展监督检查，适时开展运行效益的第三方评估，及时发现并解决实际中出现的问题。

（3）建立健全公众意见反馈机制，强化社会对无障碍环境建设的监督，营造良好的无障碍社会环境。

（4）推进编制县域范围的无障碍环境建设专项规划，因地制宜，根据地方情况有计划地推进，在保护传统村落、民族村寨和乡村风貌的前提下，将无障碍环境建设作为优化乡村生活空间的重要工作。

（5）以县域为基本单元，强化县城的综合服务能力。

（6）在开展农村人居环境整治提升行动、村庄公共空间的治理、农村厕所革命等活动中纳入无障碍设施建设的内容。

（7）完善有利于人才培养使用的政策措施，发挥重点科研平台、产学研联合创新平台的主体作用，加快无障碍领域人才队伍建设。以市场需求为导向，发挥国内重点高校无障碍领域专业优势，加强校企合作，加快培养亟须的高层次、高技能人才。加强无障碍领域科技领军人才和优秀青年人才培养引进，制定落实人才使用与激励的政策措施，提升教育培训的基础条件和软硬件环境，为中国无障碍环境建设的发展提供坚实的人才支撑和智力保障。完善服务领域人才职称评定制度，鼓励从业人员参加职业技能培训和鉴定。

（三）加大研发力度

针对加大研发力度，笔者提出了以下工作措施。

（1）以创新和无障碍需求为导向，整合优化科技资源配置，完善技术创新体系。推进科研院所、高等院校和企业科研力量优化配置和资源共享，加强重点实验室、工程中心等创新平台建设。主动设计和牵头发起国家大科学计划和大科学工程。

（2）加强对引领性关键性问题的科技攻关，通过国家科技计划（专项、基金等）统筹支持前沿技术、关键技术研发，利用人工智能、集成电路、生命健康、脑科学、生物技术等前沿领域的科技成果，集中优势资源攻关电子导盲、残疾人老年人安全救助、智能穿戴、爬楼轮椅等方面的关键核心技术。加强"互联网+"、大数据、云计算等先进技术与无障碍环境建设的技术创新融合，提高无障碍领域原始创新、集成创新和引进消化吸收再创新的能力。

（3）推动无障碍环境建设领域技术创新的市场导向机制，强化企业技术和产品创新的主体地位，构建以企业为主体、市场为导向、产学研用深度融合的技术创新体系。

（4）鼓励行业、企业加大无障碍环境建设研发投入和开放竞争，推动高水平技术和产品的快速应用。实施更大力度鼓励研发的普惠性政策，同时发挥重大工程牵引示范作用，激发国有企业的责任担当，对于社会效益强的新技术和新产品，运用政府采购政策支持。

（四）完善保障体系

针对进一步完善保障体系，笔者提出了以下工作措施。

（1）加强无障碍标准化体系建设，加快无障碍领域关键标准研究，使无障碍法规和政策体系具体化、可操作化。近期重点举措建议为：完善无障碍及相关领域强制性标准；健全标准实施效果评估机制；积极参与国际标准制定，推动优势、特色技术标准成为国际标准。

（2）健全知识产权保护运用体系。过去几十年，为了突出无障碍事业的公益性，并不是很重视知识产权的保护，无法调动激励机制，吸引更多的力量参与到无障碍环境建设中来。更好地保护知识产权，才可以保护人才、培育产业。完善无形资产评估制度，形成激励与监管相协调的管理机制。

（3）对于相关产业，强化要素保障和高效服务，降低企业生产经营成本，建立重大项目全周期服务机制，建设企业信息、技术、进出口和数字化转型相融合的综合性服务平台。

（4）完善无障碍环境建设相关规划的实施机制，落实规划实施责任，加强对规划实施的组织、协调和督导，建立健全规划实施监测评估、政策保障、考核监督机制。

（五）提供优惠政策

针对提供优惠政策，建议采取以下工作措施。

（1）在整合现有政策资源、充分利用现有资金渠道的基础上，建立持续稳定的财政投入机制，建立鼓励无障碍环境建设的优惠税收支持政策，支持和引导无障碍环境建设重点内容的应用示范。

（2）鼓励金融机构创新金融支持方式，加大对无障碍环境建设领域基础设施建设和应用的信贷支持。研究建立公益性、政策性补贴机制，创新市场化融资方式，培育多元投资主体，鼓励支持地方政府并广泛吸引包括民间、外资在内的社会资本参与投资无障碍事业发展，形成国家投资、地方筹资、社会融资相结合的多渠道、多层次、多元化投融资模式，为社会资本进入创造便利条件。

第五章

案例与实践之一：
北京市无障碍设施环境建设

自 20 世纪 90 年代以来，北京市进行了大量的无障碍设施环境的建设及改造工作，实体性的无障碍环境逐渐完备，基本满足了残疾人和老年人的日常生活，在国内城市中处于较高的水平。

在此基础上，北京迎来了 2022 年的冬奥会和冬残奥会。通过完善标准、改造设施、完善服务等一系列有计划推进的无障碍环境建设行动，不但兑现相关申奥承诺，向国际社会展现主办国良好形象，充分展示中国残疾人事业发展水平，并作为赛会遗产，而且借此契机，推动北京市无障碍环境建设升上一个新的台阶，从而带动全国无障碍环境建设的发展。

一、北京市无障碍设施环境建设现状

北京市近年来无障碍环境建设发展的速度很快，室外公共空间、公共建筑和社区，大多按照标准配置了无障碍设施，得到了社会的认可。

但目前北京市已建成的无障碍设施仍然存在着整体系统性欠缺、建设不够规范、建设水平仅满足于底线要求等问题，面对民众的要求、重点活动的要求还存在很大的提升空间，和国际先进水平相比，还存在着一定的差距。

（一）近期任务

具体来说，北京市近期有以下两大任务需要应对。

1. 2022 年北京冬奥会和冬残奥会

2015 年国际残奥委会制定了《国际残奥委会无障碍指南》（IPC 指南），用于指导奥运会及残奥会的筹办工作。同时无障碍环境的建设已被明确列入《主办城市合同》之中，即奥运会和残奥会应当为所有人提供无障碍的包容性环境。2018 年 9 月，北京作为 2022 年冬奥会和冬残奥会的主办城市，与冬奥组委、中国残联和河北省人民政府联合印发《北京 2022 年冬奥会和冬残奥会无障碍指南》（以下简称《指南》），作为北京 2022 年冬奥会和冬残奥会筹办工作相关的建设、实施、组织和运营机构必须严格执行的技术规范，同时提供给北京市和张家口市作为城市无障碍环境建设标准的重要参考。本书笔者作为技术负责人主持了该《指南》的编制工作。

《指南》对城市无障碍环境的建设要求从以下几个方面体现：

（1）对城际及城市内部的道路、轨道、航空和水运运输提出了无障碍要求。另外，要求这些交通运输方式还应与其周围的环境相互连通，整体形成一个"无缝的无障碍设施链"或"普适性无障碍交通运输系统"。

（2）要求城市道路、广场、公共绿地等城市基础设施共同组成一个相互连通的室外步行空间的无障碍系统。北京现有的人行道的无障碍系统还存在着不少问题，亟须调研和整改。《指南》要求公园和旅游景点应具备基础的无障碍环境，虽然在2008年奥运时北京市对于主要的公园和旅游景点进行了系统的提升，对标《指南》，仍需要摸清现状。

（3）2022年北京冬奥会和冬残奥会竞赛场馆和运动员村是赛会的核心设施，是落实《指南》要求的重点部位。应充分了解需求，做好前期规划。无障碍设施在建设时要尽量一步到位，有些设施不是固定的，可根据场馆运行的要求进行相应的调整。对于大量的改造场馆，在制定和实施改造方案中，应按照"一馆一方案"的原则，确保满足冬奥会和冬残奥会赛时运行的基本需求。对于残奥村要充分考虑残疾人运动员集中的特征，做好无障碍保障工作。

（4）对于出版物、网站、电信、标识系统四个方面提出了无障碍信息交流的要求。这部分要比国标和地标的无障碍信息交流要求详细得多。

（5）对包括社会观念、风俗礼仪、教育、就业、文化体育活动等软性的无障碍环境提出原则性要求，并根据赛会的特点在旅游、文化娱乐和休闲等方面提出相对具体的无障碍环境建设要求。

北京冬奥组委对2022年北京冬奥会和冬残奥会的无障碍环境建设提出了较高的标准和要求，并期待借此展示中国无障碍环境建设的最高水平，推动国家无障碍整体建设水平的进一步提升。目前，北京市的无障碍环境建设依据现行的国家标准、行业标准和北京市地方标准开展，而《指南》的部分技术指标相比国内标准有一定的提高，这是在建设中需要给予关注的地方。而且，目前北京市已建成的无障碍设施一直以来存在着整体系统性欠缺、建设不够规范、精细化设计和人性化设计不足等问题。因此，涉奥区域及北京市整体环境的无障碍环境建设及改造任务比较艰巨。

2. 建设适老化的城市环境

社会老龄化趋势的加剧以及随之而来新的要求和问题，对无障碍环境建设提出了巨大的挑战。近些年，中国人口老龄化趋势呈现出速度快、高龄化趋势明显、人口平均预期寿命延长、养老服务需求日益广泛的特点。北京市老年人口增长较快，60岁及以上户籍老年人口从2012年的262.9万人增长到2017年的333.3万人，60岁及以上户籍老年人口占户籍总人口的比例从2012年的20.3%升至2017年的24.5%，北京市户籍人口老龄化程度居全国第二位，成为中度老龄化城市。

"十三五"时期，北京老旧小区改造的基础项目已将公共区域无障碍设施和适老化改造纳入其中，2021年5月，北京市住建委发布《关于老旧小区综合整治实施适老化改造和无障碍环境建设的指导意见》，提出适老化改造菜单。该指导意见指出："'十四五'期间，实施综合整治的老旧小区，因地制宜逐个明确小区适老化改造和无障碍环境建设内容，实现通行无障碍；支持有条件的既有多层住宅加装电梯，合理利用空间完善养老服务设施，引导有需求的老年人家庭开展居家适老化改造；推动和支持物业服务企业、养老服务机构等提供养老服务，切实增加居家养老服务有效供给，有效满足老年人居家养老需求。北京实施的综合整治老旧小区项目，基本都会因地制宜，明确小区的适老化改造和无障碍环境的建设。将适老化做全做细，如在小区改造过程中，不仅在单元门口设置无障碍改造、加装扶手，还要综合考虑老年人的通行场景，确保设计改造能够满足老年人的出行需要。"而且相关改造会获得一定的财政补助支持。

（二）现有的无障碍法律、法规和相关政策

2004年，北京市发布实施了中国第一部无障碍环境建设地方性法规《北京市无障碍设施建设和管理条例》，此后，在实践中不断规范。2021年11月1日，该条例的"升级版"——《北京市无障碍环境建设条例》正式实施。

2004年，由北京市人民代表大会常务委员会通过的《北京市无障碍设施建设和管理条例》，是专门为了本市行政区域内的无障碍设施的建设和管理发布的地方法规。该条例明确了政府、企业社会团体、建设单位等在推动无障碍环境建设中的责任，同时倡导了社会义务。这部法规使得北京市的无障碍环境建设有了法律依据。随后，在该条例框架下，北京市的规划、市政、交通、质量监督、旅游、园林、文化、教育、卫生等行政主管部门依照各自职能制定了无障碍的政策及技术标准，具体负责本领域无障碍设施的建设、改造、管理和监督工作。从上到下，从政府到公共服务职能部门，形成了一个比较完备的法规政策体系，促进了北京市无障碍环境建设的实施和落实。

近年来，北京市政府加大了推进无障碍环境建设的力度。地方政府以及各行政主管部门加大了对无障碍环境建设的资源投入，逐步以地方性法规、规章的形式发布了相关的管理规定，如《北京市实施〈中华人民共和国残疾人保障法〉办法》（2011年修订）、《北京市居家养老服务条例》（2019年）等，有力地保证了无障碍环境建设的推进。同时在法规、政策指导下，发布了一些地方技术标准及配套的图集，通过法规、政策和标准的制定为加强无障碍环境建设提供法律依据和技术支持。目前，北京市无障碍环境建设的法规、政策及标准体系在逐步完善，无障碍环境建设的范围更加广泛，得到了全面推进。

2021年11月1日起实施的《北京市无障碍环境建设条例》，从原《北京市无障碍设施建设和管理条例》着眼于设施建设，转变为致力于环境建设，同时将受益群体的范围扩展为残疾人、老年人等社会成员。《北京市无障碍环境建设条例》推动无障碍环境的共建共治共享，对无障碍设施欠缺、维护管理不到位等长期存在的问题有所回应，提出了推进无障碍信息交流的保障措施，对加强无障碍社会服务方面进行了制度安排。

（三）项目建设全过程建设节点

北京市建筑项目的基建流程，主要包括以下几个阶段：

（1）工程建设前期阶段，包括项目建议书、可行性研究、立项三个步骤。

（2）工程建设准备阶段，在进行设计工作的过程中，进行报建、获取土地使用权、拆迁安置、工程发包等程序。

（3）工程建设实施阶段，也就是施工阶段。

（4）工程竣工验收备案和保修阶段。

不同阶段的具体管理内容和主管部门不同，经过调研，本书写作时各阶段现状情况见表5-1。

表 5-1 北京市项目建设全过程无障碍环境建设节点

建设阶段	事项	内容	无障碍相关法定文件	无障碍要求
工程建设前期阶段	项目建议书	编制文件、报送审批	《北京市无障碍环境建设条例》	无
	可行性研究	编制文件、报送审批	同上	无
	立项	编制文件、报送审批	同上	无
工程建设准备阶段	报建（五大证）	建设用地规划许可证	同上	无技术性文件，没有无障碍相关规定
		国有土地使用权证	同上	少量技术性文件，没有无障碍相关要求和规定
		建设工程规划许可证	同上	技术性文件，要求表达无障碍设计内容。但是无障碍相关内容不是审查要点，审查过程不关注
		建设工程施工许可证	同上	技术性文件，没有无障碍相关要求
		商品房预售证	同上	非技术环节，没有无障碍相关要求
	设计	项目设计工作	相关技术法规及规范	技术性文件，有无障碍方面相关规定
	审查	施工图外审	审查要点	审查规范当中的强制性条文
工程建设实施阶段	施工建设	项目建设	相关技术法规及规范	有无障碍方面相关规定
工程竣工验收备案和保修阶段	各专项验收及四方验收	全面考核建设工作，检查是否符合设计要求和工程质量要求	相关技术法规及规范	专项验收较多，没有无障碍专项验收，无障碍内容不是验收重点

可以看出，在北京市现有的项目建设整体过程中，有些节点对无障碍环境建设的管理有所不足。

（四）无障碍设施建设工作回顾

近年来，北京市的无障碍环境建设在轨道交通、城市道路、公共建筑、胡同街巷整治、老旧小区改造等领域得到了一定程度的提升。尤其在 2019 年《北京市进一步促进无障碍环境建设 2019—2021 年行动方案》印发之后，北京市首次开展了全市范围内无障碍环境专项提升行动。行动方案明确了 17 个方面的重点整治任务，盲道、人行道、地面交通、政务服务窗口、居住社区等关系民生的内容均被列入。

针对北京市近期需要应对的两大任务，北京市的无障碍设施建设工作仍然存在以下主要问题：

1. 现有相关法律法规没有得到有效落实

北京市从2004年开始实施《北京市无障碍设施建设和管理条例》，全国从2012年开始实施国务院发布的《无障碍环境建设条例》，这两部无障碍环境建设法规，是近十几年指导北京市开展无障碍设施环境建设工作的重要法律依据。从两个条例的涵盖范围可以看出，前者聚焦于无障碍设施的建设和管理，后者放眼整体无障碍环境。但是条例在执行过程中还是出现了一定问题。

条例本身及与之相配套的行业法规、政策规定原则性要求较强，操作性较弱；一些行业和领域未根据本部门本领域的具体情况对原则性要求进行进一步细化和深化，一些行业和领域虽然制定了本部门本领域的法规条文，但是仍旧比较笼统、概括，操作性不强。

此外，由于多年以来无障碍设施建设方面的标准多是技术规范，而且主要针对设计环节，缺乏对于建设全程的规划和管理，造成实际建设中，有些时候无障碍设施建成时即是不规范的，但是依旧投入使用，再加上后期维护管理的缺失，无障碍设施环境的质量得不到保证。

2. 组织机制完整，但执行力度不够，协同工作不够高效

2005年，北京市建立了以当时的市规划委为牵头单位，市建委、市市政管委、市交通委、市残联、市民政局、市老龄办等成员单位组成的北京市无障碍设施建设和改造工作联席会议机制。其中一项工作内容是：制定和实施新建项目管理和无障碍环境监督等工作机制，但此项工作的实效还有待提升。

同时2008年奥运之前，北京市已经形成了完整的开展无障碍建设的组织框架——由北京市人民政府对本市的无障碍环境建设和管理工作进行统一的领导，由区、县级人民政府负责本行政区内无障碍设施的组织建设、改造和监督管理工作。实际工作中，往往是由具体的行政主管部门依照本部门职能负责无障碍设施的建设、改造、管理和监督工作。这就造成因为重视程度不同，在具体落实的层面上，各个行政主管部门工作执行的力度和深度不同的状况。

3. 无障碍设施建设行业间发展不平衡

具体分行业来看，交通（机场、高铁、地铁）、金融服务、电信营业厅和医疗卫生单位无障碍设施普及率较高，而一些餐饮住宿、商业等场所无障碍设施普及率相对较低。面向残疾人和老年人的专门性的服务机构无障碍设施普及率较高，一般社会性的公共服务机构无障碍设施普及率相对较低。

新建无障碍设施与既有无障碍设施的建设水平差距较大，北京是中国率先开展无障碍设施建设的城市，由"从无到有"一路走来，近年出现了类似大兴国际机场、环球影城等达到国际领先水平的无障碍环境。同时，北京已经把改造提到议事日程，给予极大重视并开展推进。但那些建造年代相对久远的场所，受限于消费场所自身空间、建成条件、运营、周边配套等软硬件因素，无障碍设施改造存在一定的难度。部分行业企业的无障碍设施存在未开放、被占用、维护不到位等问题，影响无障碍设施实际功能的发挥。

4. 老旧小区无障碍设施的整体满意度偏低

老旧小区的居民中有大量的残疾人和老年人，他们往往主要在社区内活动，进行社会交往，获得生活服务，因此老旧小区的无障碍设施环境非常重要。但从目前情况看仍未能很好地满足市民的需求。

老旧小区的养老配套设施，包括街坊范围的老年日间照料、助餐助行、康复护理、老年教育等服务场所大多为改造项目，由于原建筑结构或场地原因，改造后的建筑无障碍设施不规范，比如坡道的坡度过陡、低位设施缺少容膝空间、门槛很高形成障碍、扶手安装不牢固等。

老旧小区的公共卫生间内无障碍设施不规范、不合格、卫生情况差，都影响有需要的人群的使用。部分独立的无障碍卫生间被改为他用或者上锁造成不能正常使用，或者公共卫生间内缺乏无障碍厕位的情况也时有发生。

老旧小区配套的医疗卫生设施、便民服务商业网点、小超市、居委会、社区活动中心等处的出入口、地面、门、扶手、低位服务柜台、无障碍卫生间或厕位等无障碍设施的建设不合理的现象影响了居民正常使用。

此外，老旧小区内无障碍设施被挤占、损坏的情况比较普遍，有的通道成为停车场地，甚至被破坏；盲道上随意放置物体或者停放机动车、自行车；在通往建筑物主要入口的轮椅坡道上堆放大量杂物；等等。

老旧小区的住宅楼出入口，往往由于平面布局、结构形式等限制，改造难度大，通常无法按照规范的要求加设坡道。

北京市2000年前建成的小区中，多层住宅楼大多没有电梯，这给残疾人和老年人的出行以及紧急情况下的救助带来了很大的困难。市住建委2015年下发通知："北京新建、改建的四层（含）以上住宅楼，都必须进行适老性设计，包括设置电梯等。"但从实际的成果来看，工作推进缓慢，问题来自多方面，主要是现状条件的限制和不同楼层住户的协调问题。

老旧小区中绿地的面积普遍不足，而且很多情况下仅有的绿地以硬质铺地为主，安装的健身器械由于没有定期的维护和修缮，很多存在安全隐患，休闲场地内休息座椅设置不足。

老旧小区周边建设的小游园、街心公园是社区老人、孩子休闲活动的主要场所。这些公共绿地往往面向不同的方向设置几个出入口，为了限制自行车等入内，通常设置为"S"形限制型出入口，专设的无障碍出入口为刷卡通行，这种做法造成日常使用的不便。绿地中的园路也存在铺装表面不平整、块材间隙较大不利于轮椅和童车的通行等问题。

5. 大量已建成无障碍设施仍需整改

从城市空间来看，城市室外空间的无障碍交通流线系统性不足，建筑场地和人行道的无障碍衔接问题较多。从社区和建筑看，均存在不同程度的无障碍设施不规范的问题。比如，近些年建设的一些交通枢纽，离开和到达区域、人行道、人行横道，以及可以上到站台和各种交通工具的水平和垂直流线空间等未形成流畅方便的无障碍流线；大量的带有无障碍标识的公共卫生间入口坡道过陡、无障碍厕位缺少扶手或者安装不规范，甚至有的公共卫生间虽然内部设置了无障碍卫生设施，但却位于只能楼梯通达的地下层，无障碍设施形同虚设。

在已建成的无障碍设施中，被占用、破坏的情况时有发生，维护维修不到位，这种情况影响了无障碍设施发挥应有的作用，甚至存在安全隐患。比如，有的过街天桥的无障碍电梯、地铁的轮椅升降平台、公交车的衔接踏板维护不及时，造成这些设施形同虚设；盲道上有电线杆等障碍物，或被机动车、非机动车等占道；部分公共建筑内无障碍卫生间上锁或被占为他用，个别路段的人行道路面维护不够，当出现下陷、破损严重时，没有及时修理和更换。

二、北京市无障碍设施环境发展目标

（一）北京市无障碍设施建设工作的优化目标

1. 以实际需求和问题为导向，解决民生问题开展优化

努力解决北京市民生热点痛点问题，实施以需求为导向的保障和改善民生行动，一直以来都是北京工作的一项重要内容。北京市无障碍设施建设应继续以残疾人和老年人生活中的基本诉求为依据与抓手，以解决他们的民生问题为首要目标。

北京市作为全国首批无障碍示范城市，一直以来都非常重视无障碍实体环境的提升。借助冬奥会和冬残奥会的契机，北京市的无障碍环境又迈上一个新的台阶。但面对民生需求，在建设的全面性、规范性、管理及维护等方面，仍面临更高的要求和更艰巨的任务。随着无障碍环境建设工作的深化，今后的工作会越来越棘手，需要以需求和问题的紧迫度来安排时序，合理确定投入的力度，持续地有计划地提升无障碍设施环境。

2. 以无障碍设施环境建设作为抓手，带动整体无障碍环境建设

无障碍环境涉及广泛，是一个包括硬件和软件的系统性工程，但首先是由无障碍设施构建而成的实体环境的建设。就中国很大的残疾人基数以及人口老龄化的趋势而言，客观上对实体无障碍环境建设已十分迫切，目前，无障碍实体环境建设的重要意义越来越得到全社会的广泛认知。

近些年北京市在道路、公共建筑与公共设施等方面的无障碍设施建设中取得了比较大的进展，大大地改善了北京的无障碍实体环境。

良好的无障碍设施环境，保障了残疾人和老年人进入社会的物理条件，在这些人群走出来之后，服务和信息需要及时跟上。信息交流无障碍和无障碍服务相对起步较晚，无论在法规、技术标准还是管理机制等方面都不够成熟，不但影响了体验，甚至造成了功能性的问题。比如在新冠疫情期间引起社会关注的老年人因为使用智能产品的困难，造成的就医难、购票难，甚至进门难等问题。

设施无障碍、信息交流无障碍和无障碍服务构成无障碍环境的整体，要避免短板效应，以完善的硬件环境促进软件和服务的提升。

3. 聚焦北京 2022 年冬奥会和冬残奥会要求，留下奥运遗产，提升无障碍理念

北京 2022 年冬奥会和冬残奥会的无障碍环境建设不但具有高标准、国际化、覆盖范围广泛等特点，而且力求做到"全面无障碍"，即构建设施无障碍、无障碍信息交流和服务无障碍的整体无障碍环境。在冬奥会和冬残奥会期间，以北京市为窗口，向世界展示中国无障碍环境建设的最高水平，为中国的无障碍环境建设打造典范。利用奥运盛事所独具的媒体及全民的关注度，加强对于无障碍理念的宣传。

"后冬奥"时期，北京市应以宝贵的奥运经验和奥运遗产为新的起跳点，凝聚全社会对无障碍事业发展的共识，广泛提升无障碍意识，带动和提升北京市整体无障碍环境建设水平。

4. 结合适老化无障碍，关注通用性

目前，中国的城乡环境建设大多以成年人的生理条件和生活方式为基础，之前的无障碍设施建设主要服务于残疾人，而老年人的身体机能情况和心理状况更复杂、问题更综合，从需求量来说也更大。对于无障碍环境建设适老性的问题，应本着务实的态度，给予关注和深入的研究。现在的情况是，喊口号的多，浮在表面的想当然多，系统化和细节性的研究少。

在这样的历史和社会背景下，无障碍设施建设势必更加关注"通用性"。如今，通用设计已经在国际社会得到了普遍认可，是明确的无障碍环境建设的发展方向。而通用设计、包容性等理念对于产业和科技的带动，也具有广阔的发展前景。

（二）北京市无障碍设施建设工作的优化重点

无障碍设施建设工作涉及范围广泛，需从重点入手，进行逐步推进，才能以点带面，循序渐进地提升北京市整体无障碍设施建设水平。因此，本着以下思路确定优化重点：

（1）注重重点项目的示范带动作用。重点项目代表了北京市近期建设及发展的重点领域及关注热点，将其作为无障碍范例推广的载体，具有社会关注度高、影响范围大、示范效应强等诸多优点。很多北京市的重点项目是国家级的重点，创建国内甚至国际领先水平的无障碍环境，符合北京首善之区的定位。（2）寻找有力的工作抓手。无障碍环境建设工作综合性强，因为

其涉及的领域较多，往往容易引起顾此失彼或蜻蜓点水的问题，在实际工作中，可以根据现实条件，抓住突出问题，找到撬动整体工作的抓手，以点带面，推动工作的全面展开。（3）加强对无障碍的理解与认同。加强无障碍理念的宣传推广，积极开展多方活动，促进社会各界观念的转变，使全社会自觉加入到北京市无障碍环境建设与监督中来。（4）和可持续、绿色发展等工作相结合，注重整体提升。将无障碍环境建设纳入绿色及可持续城市的整体规划，将无障碍融入绿色城市及街区的各个建设环节，探索新时代下无障碍环境建设工作与北京市绿色及可持续发展的系统性提升策略。

北京市无障碍设施建设工作的优化重点如下。

1. 重点部位

无障碍设施建设重点部位的选择应从人们社会活动的根本需求出发，将与其关联最为密切的城市公共空间、公共性服务建筑、居住社区的公共场所作为三大重点部位进行优化，并通过重点部位以点带面，整体提升北京市无障碍环境建设水平。

（1）城市公共空间。

城市公共空间的无障碍环境建设是老年人、残疾人、未成年人等不同人群参与到社会活动中的基本保障，是城市居民进行公共交往，举行各种活动的开放性场所。城市公共空间的无障碍环境的品质直接影响到城市的综合竞争力和大众满意度，更是一张向外界传递人文价值与人文关怀的重要名片。

近年来，北京市在城市公共空间中相继开展了无障碍环境建设及改造工作，无障碍环境建设的整体定位较高，设施建设逐渐完备。但还大量存在无法满足各类无障碍需求的情况，造成残疾人和老年人等公众安居乐业及参与社会生活的困难。

例如，人行横道是市民最关心的城市公共空间，提升其无障碍水平，需进一步开展以下几点工作：

第一，将人行道纳入城市外空间的一体化系统设计。

第二，和道路宽度相比，城市的人行道宽度普遍偏窄，需要拓宽人行道。

第三，对各类人行道上的设施进行统一规划，保证人行优先。

第四，关注人行道上可能的伤害。尤其照明和警示非常重要，需要特别关注视觉障碍人士的通行安全。进行维护和施工工作时，交通管理部门有义务划定临时人行道。

第五，划定"基本保障"的无障碍道路，保证残疾人和老年人的基本出行需要。"基本保障"的无障碍道路需满足乘轮椅者和视觉障碍者通行的需求，划定的"基本保障"的无障碍道路要向社会公示，保证无障碍设施的安全和适用，捍卫残疾人和老年人出行的路权。

第六，修改交规，禁止常规情况下机动车红灯右转。

第七，自行车密集的集散区段，需要让开人行道，开辟特定区域。

（2）城市公共服务建筑。

公共性服务建筑按照建筑用途不同，可以划分为商业建筑、旅游建筑、通信建筑、交通运输建筑以及办公建筑，如商场、活动中心、医院、银行、地铁站及火车站等。公共性服务建筑的无障碍设施建设是保证残疾人和老年人享受城市服务功能的基本物质保证。

经过多年努力，北京市大部分主要的公共性服务建筑的无障碍环境已基本构建，建设水平在逐步提升，相继建设了一批有特色的高水平重点示范项目。如大兴国际机场的无障碍设施建设，不仅探索出了新标准以及大型交通工程无障碍系统新思路，还体现了国际无障碍发展的趋势和先进理念。但是如前所述，现阶段北京市公共性服务建筑的无障碍设施建设仍存在行业间发展不平衡、需求量比较大的情况。

北京市公共性服务建筑的无障碍设施建设在补齐短板、加大改造力度的同时，应当确保新建无障碍设施的合规与适用。对于改造项目要因地制宜，制定改造清单，根据项目具体条件选择符合其自身特点的改造策略，不可采取一刀切的做法，导致加建设施不规范、不系统，造成资源浪费。

（3）居住社区的公共场所。

居住社区的公共场所是与残疾人、老年人及普通大众生活关联性最为密切的活动空间，包括消费性活动场所、休闲性活动场所与事务性活动场所，是无障碍环境营建的基本组成部分和关键环节，是弱势群体走出家门，与社会融合的基本保障。

现阶段，北京市无障碍环境建设是将城市公共空间和社区同时作为重点，对老旧小区进行了大规模的环境整治，修复破损盲道、加建轮椅坡道、增设卫生设施和休息座椅等，整体性提升北京市居住区的无障碍设施满意度。但就目前来看，社区公共场所中的无障碍设施存在明显的"建而无用"现象，"建而无法用"造成了"建而无人用"。具体地说，由于无障碍设施未达到规范要求，或被占用、损坏、长期无人维修与管理等，造成了盲道建成后很少看见盲人使用，坡道建成后很少看见乘轮椅人士使用等现象。这些问题的解决不是一蹴而就的，大规模、大范围和高强度建设和改造容易在短期内出效果，却由于极易缺乏细节上的推敲与管理上的规范，进而造成了社区中的无障碍设施出现"建成度高而使用频次低"的浪费现象。

现阶段，在确保所有居住区公共场所无障碍设施合规适用的前提下，应加快完善既有的设施的系统性，将残疾人和老年人出行频率高的公共活动场所构成无障碍出行闭环。每一个出行闭环都应满足从出行起点到终点的完整顺畅的通行，实现居住区公共场所无障碍设施的系统性建设。

2. 重点建筑或场所

重点工程不但承担着社会生活的重要内容，还一直是社会关注的热点，聚焦重点工程建设高标准高质量的无障碍设施环境会产生巨大的示范带动作用。所以应以残疾人和老年人的基本需求为出发点，选取与民众生活及工作密切相关的重点建筑或场所，打造无障碍设施建设的示范精品项目。

以重点建筑或场所的无障碍环境建设为契机，将高标准的无障碍设施作为优秀范例加以推广，为其他项目提供有力的参照依据，进而鼓励其向高水平看齐，以点带面，吸引社会关注，带动北京市整体无障碍环境建设水平。反之，无障碍环境建设的优化也必将提升重点项目的整体建设品质。在建设过程中，应注重无障碍设施从设计到施工的全过程把控，在符合相关规范的基础上，注重设施的适用性、通用性与系统性，力求构建高标准的无障碍设施体系，真正体现人性化。此外，可利用重点项目自身的社会关注度，为无障碍设施及理念提供多方宣传渠道，打造具有推广价值的北京市无障碍环境建设名片。利用市、区级的重点工程，建立符合高标准与高要求的无障碍设施建设示范样板，对促进全市的无障碍环境发展具有基础性、先导性、全局性意义。

3. 重点工作

北京市无障碍环境建设重点工作应根据对现有工作情况的调研，总结提炼工作中的有力抓手，抓住立项、设计、审查、监督等关键环节，补齐后期的管理与维护工作的短板。力求在工作中克服"重建设，轻管理"的缺点，切实保证无障碍设施从设计到使用全过程的把控。

在立项工作中，应根据要求明确符合项目自身特点的无障碍设施建设标准及投资，为后期建设奠定基础。并为项目的设计、施工、验收等阶段提供相关准则，避免出现由于前期定位偏差或对无障碍需求的漠视，造成后期由于资金不足而导致无障碍设施质量不过关、建设不合规等情况的发生。在设计阶段，应保证当严格遵守无障碍相关规范标准，避免为了追求建筑造型而忽视无障碍设施的功能性及实用性。应确保无障碍相关图纸细化到位、内容翔实，有效指导后期施工。在审查环节中，应对无障碍内容进行重点审查，通过严控审查引导无障碍设计重视程度的提升，建立相关审查要点并及时反馈审查意见，对不合规的设计及时指正。审查部门应对设计文件提高要求，杜绝表达深度不够、无详细细化图纸等情况。相关部门应在规划实施过程中实行严格监督，及时纠正和查处不按规定建设无障碍设施的行为。

无障碍环境建设是一项系统工程，一环扣一环，不仅要建设好，还要管理好。无障碍设施建成后被人为破坏、侵占、废止等现象频发，往往是管理上的滞后或漏洞所致。北京市各级行政主管部门在无障碍设施建设的工作过程中，存在着"重建设，轻管理"的突出特点，主要表现在管理脱节，缺乏有效的管理与监督机制以及设施维护不足、权利与责任主体不明确两个方面。建议将无障碍设施建设和管理纳入北京市精神文明建设的重要内容，提高社会各单位的重视程度，按照"谁建设谁管理"的原则，规划、建设、市政等部门各负其责，依法对无障碍设施的建设、养护、使用等实施管理。同时，应明确相关责任人，建立长效负责机制，责任人需对无障碍设施进行日常维护和管理，以确保其正常使用，且做到及时修护。

4.意识提升

大众对无障碍理念的认同与理解对于无障碍环境建设有着至关重要的作用。现阶段，中国大多数公众的无障碍意识大多停留在无障碍设施是专为残疾人设立的轮椅坡道或盲道等浅显的认知之上。应通过各种渠道，大力宣传通用的无障碍理念、同时兼顾残疾人和老年人无障碍需求的理念和共享包容的理念。弘扬传统文化中敬老扶弱、推己及人的优秀传统。

（1）通过多种渠道，加强对无障碍环境建设的宣传推广。

合理地利用媒体的宣传功能，增加宣传方式和渠道，突出宣传重点，并不断地丰富宣传内容，实现广泛宣传与重点教育相结合。法制的宣传。积极地向社会宣传残疾人和老年人的权益保障有关法律法规，进而让社会认可和认同无障碍设施建设的重要性，发扬中华民族传统美德，摈弃守旧的迷信思想，扶弱助残，鼓励全社会积极主动参与无障碍环境建设工作。对无障碍设施的使用方法及作用进行详细的讲解，让公众进一步地认识到无障碍设施的重要作用，进而能够自觉地对无障碍设施进行保护。加强无障碍环境建设成果的宣传，对有杰出贡献的组织或个体给予嘉奖，并对有违法违规行为的组织或个体进行处罚。通过公共媒体投放公益广告或公益宣传片的方法，潜移默化地促使全社会公众树立"人人平等"的意识，形成关爱和帮助弱势群体的理念。

（2）开展与鼓励无障碍环境建设相关研究，制定科研计划。

政府应加大资金投入，建立完善系统的无障碍科研体系。与北京市重点项目的无障碍环境建设相结合，明确研究重点与技术难点，以确保研究成果切实解决无障碍环境建设问题。制定中长期科研计划，明确各个阶段的科研目标，鼓励高校与企业、科研所等多方配合，组建创新型研发团队。成立以无障碍相关技术难点为主要研究方向的企业博士后科研工作站，对技术标准中的重点参数开展顶层自主研发，布局前沿基础研究。增强中国在无障碍技术体系中的自主研发能力，增加自主研发成果在无障碍技术标准中所占比例，大力提升中国无障碍环境建设水平在国际社会的核心竞争力。

（3）加强专业人才的培养、培训。

对参与到无障碍环境建设中的设计、施工、管理、监督等人员开展无障碍知识培训，增强工作人员执行规范和开展无障碍监督的主动性，进行无障碍设施设计及建设时的自觉性，促使他们形成为弱势群体提供帮助的服务理念。支持高等院校、科研单位成立相关研究机构，开设无障碍相关课程，开展国际化的人才评聘和学术评价工作，打造一批高水平、超一流的具有国际视野和杰出创新能力无障碍人才队伍。丰富无障碍环境建设专家委员库，为今后北京市的无障碍环境建设工作的开展提供专业支持。

（三）北京市无障碍设施环境的优化方法与策略

1.《北京市无障碍设施建设和管理条例》修订为《北京市无障碍环境建设条例》

2004年发布实施的《北京市无障碍设施建设和管理条例》的制定目标为："为了加强本市无障碍设施建设和管理，根据本市实际情况，制定本条例。"其无障碍设施是指："为了保障残疾人、老年人、儿童及其他行动不便者在居住、出行、工作、休闲娱乐和参加其他社会活动时，能够自主、安全、方便地通行和使用所建设的物质环境。"

2021年发布的《北京市无障碍环境建设条例》的制定目标为："为了提升无障碍环境建设水平，保障社会成员平等参与社会生活的权利，促进友好人居环境建设，提高社会文明程度，根据有关法律、行政法规，结合本市实际，制定本条例。"其无障碍环境建设是指："为便于残疾人、老年人等社会成员自主安全地通行道路、出入相关建筑物、搭乘公共交通工具、交流信息、获得社会服务所进行的建设活动。"

从两个条例的涵盖范围来看，前者聚焦于物质环境的无障碍设施的建设和管理，后者放眼整体无障碍环境建设。后者较前者的范围更全面。从两个条例的服务对象来看，前者明确提出了残疾人、老年人、儿童及其他行动不便者，而后者提出残疾人、老年人等社会成员，从定义看，后者较前者的范围更全面，但后者明确的人群是残疾人和老年人，儿童是否属于无障碍的范畴，并未明确。

《北京市无障碍环境建设条例》在"起草说明"里提到："为适应本市无障碍环境建设发展新要求，同时与国务院发布的《无障碍环境建设条例》相衔接，补充了'无障碍信息交流'和'无障碍社会服务'相关内容，将《北京市无障碍设施建设和管理条例》调整为《北京市无障碍环境建设条例》。"这意味着修订后的条例将纳入包括无障碍设施在内的更多无障碍相关内容，既有物质环境，也有非物质的环境，例如管理、信息交流、观念态度等。本书笔者在之前几年即不断提出修订建议，现在看这些建议已经体现在修订稿中，具体内容如下：

（1）增加无障碍信息交流内容。

近十多年来，中国相关部门致力于推动中国无障碍信息交流发展，维护每个人获取信息的权利。自2013年"美丽中国——中国政务无障碍信息交流公益行动"在北京启动，为500多家政府单位完成了无障碍信息交流公共服务平台建设，3万多个政务和公共服务网站实现了无障碍，通过构建和完善

"中国政务无障碍信息交流服务体系"，为政府网站无障碍环境建设和发展提供持续动力。

目前，国内专家与相关科技企业对无障碍信息交流投入了大量的研究，并在不断创新，建设了"国家无障碍信息交流公共服务体系"，形成了以政务门户网站为中心，各直属部门网站相联通，信息与服务相结合的技术创新平台。平台内所有网站互联互通，都支持无障碍服务、影音化服务，支持多终端、App访问，同时满足各类人群获取信息的需求。

北京市作为中国政治、经济、文化中心，有责任与能力推进无障碍信息交流建设，此外，无障碍信息交流也是北京建设智慧城市的一部分。

《北京市无障碍设施建设和管理条例》中，第二十一条与第二十二条分别在公共交通运营车辆上的字幕报站和语音报站系统、紧急呼叫系统两个方面制定了无障碍信息交流条例，但对其内容涵盖不足。而在国务院发布的《无障碍环境建设条例》中，涉及了无障碍信息交流、为残疾人提供的语音及文字提示、考试试卷、电视台、录像制品、图书馆、网站、公共服务机构和公共场所、公共活动的字幕及手语服务、电信业务及终端设备等诸多领域。因此，《北京市无障碍环境建设条例》在此方面进行了相应扩充。

（2）删除关于无障碍设施的具体技术要求，突出建设标准和管理要求。

作为地方法规，"条例"应当在建设标准与管理要求两个层面做出详细规定，而并非技术要求层面。现有的标准规范体系已经有技术的细化要求，条例无法涵盖全面。

《北京市无障碍环境建设条例》从整体无障碍环境的建设出发，站在宏观的角度，把控无障碍环境建设的全链条，指出北京市无障碍环境建设的重点方向，明确建设方需遵循及达到的总体建设标准，从建设前端进行规范，在设计、施工、验收与维护的全过程中，制定各部门需承担的职责与遵守的规定，实施的处罚与鼓励政策。

《北京市无障碍环境建设条例》删除了对于设施范围与建设技术的详述部分，着眼于整体性把控，加强对于建设标准和管理要求的制定，使条例约束层面更为宏观。

（3）增加适合北京情况的建设标准相关内容。

自从2012年国务院发布了《无障碍环境建设条例》以来，涌现了一大批在无障碍方面具有示范性的城区和建筑，同时无障碍法律法规体系持续完善，带动了中国城乡无障碍环境建设的整体发展。但北京市不同场所的无障碍设施建设质量水平仍旧参差不齐，不但有时无法满足无障碍的功能要求，甚至造成安全隐患的情况也比比皆是。

现在国家和北京市无障碍方面的标准多是技术规范，只是对设计环节有所制约，缺乏对于建设全程的规划和管理，实际建设中无障碍设施往往在前端缺乏计划，施工完成后缺乏评估和维护。尤其突出的问题是，由于立项环节对无障碍环境建设考虑不全面、不到位，缺乏对无障碍设施建设数量、分布密度、建设标准的要求，导致无障碍环境建设资金整体投入不足、建设中存在有意或无意的漏建或降低标准的情况。

某种类型建筑的建设标准是确定建设水平的依据。但现行的不同建筑类型的建设标准中，缺乏对于无障碍设施的规定，实际建设中多是参见无障碍设计规范，但其作为建设依据法定性较弱。而住建部在2021年9月发布的《建筑与市政工程无障碍通用规范》，是强制性的技术标准，聚焦对于设施的技术要求，对于不同建筑类型中设施的数量和分布不再提出要求，亟须其他法规标准对于不同建筑类型的无障碍设施的建设规模和标准提出明确要求，在建设前端进行规范，以保障中国无障碍环境的高质量发展。

《北京市无障碍设施建设和管理条例》仅提到了依据当时的《城市道路和建筑物无障碍设计规范》和本市有关规定作为建设单位需遵循的建设标准，涵盖内容不够全面，存在各个阶段的缺失，且不符合当今的无障碍要求。《北京市无障碍环境建设条例》提出了"制定无障碍环境建设发展规划""制定本市无障碍环境建设领域相关的地方标准"等，可以起到补充建设标准、督促完善标准的作用。

（4）增加无障碍社区服务的内容。

北京市社区服务的内容和项目日益多元化。从社区服务方式来看，残疾人和老年人的社区服务有直接及中介服务两种类型。由社区在服务中扮演生产者和提供者为直接服务，其工作内容涵盖为残疾人和老年人建立专人档案，设立社区残疾人康复中心、养老服务中心，提供预约上门服务。社区收集残疾人各种信息，将其引入到相关机构和职能部门进行各项服务工作，社区扮演服务转介的角色为中介服务，主要服务内容包括康复、教育、就业、法律咨询、社会保障等，社区可以借助外界力量整合资源，为残疾人和老年人提供个性化、综合性的服务。从残疾人社区服务的层面来看，可分为社区公共服务和社区商业服务。社区公共服务具有公平、公正、公共、普惠及福利性等特点；社区商业服务是在相关部门授权于社会力量和社区组织下，开展带有微利且惠民利民的商业性生活服务。

总体而言，残疾人服务的社区化，是自 20 世纪 80 年代以来世界各国残疾人事业发展的主要潮流，而当代社会，不光是残疾人，老年人、妇女、儿童等的特别需求，需同样被纳入社区服务的范畴。因此，残疾人社区服务的内涵得到了拓展，发展为使所有人群受益的无障碍社区服务，形成以社区为平台和基础的无障碍社会工作体系，是发展中国无障碍工作的战略方向，其影响深远且意义重大：从政府的层面来看，政府可以通过社区来整合资源，提升公共服务的供给能力和扩大公共服务的覆盖面，优化和改善社区管理方法和模式，有利于社区团结和增强凝聚力；从个人的层面来看，将有利于为残疾人、老年人等人士搭建起融入社会活动的桥梁，从而平等地享受现代文明生活。

总体而言，无障碍社区服务与设施、信息共同构成了无障碍环境。在国务院发布的《无障碍环境建设条例》中，无障碍社区服务相关条例包括社区公共服务设施、报警及医疗急救系统、对贫困家庭的无障碍改造补助、残疾人参加选举四大方面。《北京市无障碍设施建设和管理条例》缺失无障碍社区服务的相关内容，在国务院条例的基础上，《北京市无障碍环境建设条例》增加了"无障碍社会服务"专门的一章。

（5）增加交通无障碍内容。

交通无障碍是无障碍环境建设中至关重要的一个方面，包含公路交通、轨道交通、航空交通与水运交通这四大方面。交通无障碍应该对所有人可达，创造一个包容性的城市环境，尤其注重特殊人群的特点和需求。

2018 年，中国残疾人联合会推动、配合交通运输部等部门制定下发了《关于进一步加强和改善老年人残疾人出行服务的实施意见》（以下简称《意见》）。《意见》按照交通强国建设的总体要求，明确了中国未来到 2035 年推进交通运输无障碍出行服务的行动纲领。北京市积极响应《意见》，采取措施，推进公共交通无障碍环境建设，为残疾人融入社会创造更好条件，在交通无障碍方面取得了重大发展。

交通无障碍环境的建设，让所有人平等享受城市公共资源和服务空间，是一个城市现代化文明程度的重要体现。在《北京市无障碍设施建设和管理条例》中，关于交通无障碍的涵盖内容不够充分，《北京市无障碍环境建设条例》进行了相应扩充。

（6）在处罚条例中，增加对无障碍设施所有权及管理人的处罚条例。

《北京市无障碍设施建设和管理条例》明确了在设计、施工、验收阶段，对于违规的各负责单位的处罚条例，缺少了在维护阶段，对于未对无障碍设施进行保护或者及时维修的无障碍设施所有权人的处罚条例。《北京市无障碍环境建设条例》增加了对于管理责任人的法律责任的明确。

由于现实条件的限制，《北京市无障碍环境建设条例》仍未对一些工作中出现的问题进行回应。例如，未区分北京市区与农村地区的无障碍环境建设标准的不同。

北京市无障碍环境建设的相关条例与规范的制定，已构建了城市无障碍化基本格局，为广大市民，特别是残疾人和老年人等群体提供了便利，对促进社会文明进步发挥了积极作用。同时也应该看到，量大面广的北京市农村地区的无障碍环境建设尚未系统开展，还不能满足残疾人、老年人对基本公共服务的需求，不适应残疾人和老年人平等参与社会生活的需要。农村地区与市区的发展阶段不同，居住方式不同，其无障碍环境的建设也应从实际出发，循序渐进，通过长期努力以进行逐步改善。

2. 以重点项目辐射全局，推动无障碍设施环境建设

（1）建立近期重点项目清单，选取适合的项目，打造示范精品。

从北京市无障碍环境建设发展现状来看，应当以同残疾人和老年人生活密切相关的公共服务建筑、关系到民众切身利益的重大民生改善项目为主，作为无障碍设施建设的重点，并建立近期重点项目清单，加快推进其无障碍设施建设。应以建筑规模、定位、推广价值为出发点，优先选取最利于进行无障碍示范工程建设的项目，将其作为专项工作，切实抓紧抓好，以保证高质量完成。最近几年北京在冬奥会和冬残奥会场馆、环球影城、大兴国际机场、世园会园区等重大项目的无障碍环境建设中，强调无障碍设施建设品质，并以打造示范精品为目标，带动了北京市整体无障碍环境的提升。

（2）建立具有推广价值的示范工程管理模式。

将重点项目中的无障碍设施建设以专家指导、残疾人和老年人参与等方式进行优化，使其达到较高的设计和施工水平。

重点项目作为高标准无障碍设施推广平台，其建设工作更应该通过严格的工程管理以确保无障碍设施的建设在全过程中得到把控，并在此过程中发现问题、总结经验、完善管理办法，形成具有推广价值并能应用于其他无障碍项目的工程管理模式，进而提高北京市整体无障碍环境建设水平。此外，在重点项目无障碍设施建设中，还可建立专家为主，残疾人和老年人等有需求人士为辅的审查与评估机制。这便要求加强残疾人监督员队伍的建设，使其成为一支具有专业素质的残疾人监督队伍，进而有序跟进、主动服务重点区域、重大项目的无障碍环境建设。同时政府应当支持残联组织参与项目无障碍专项验收，推动监督成果有序转化，从专业性视角和日常使用中的切身体验共同出发，动员各方力量有序推进北京市整体无障碍环境建设。

（3）利用出版、讲课等形式形成示范和推广的成果。

完成水平较高的无障碍设施应作为示范带动其他项目的无障碍整体建设。这便要求在建成后采取多种渠道，积极推广无障碍示范成果。可采取出版书籍、期刊的方式，并将其按不同受众进行划分。例如，面向专业设计人员的技术性丛书，要求内容规范、严谨、图文结合，内容尽可能翔实，注重细节性，以辅助与指导专业人员进行无障碍相关设计。而面向普通大众的无障碍书籍，以宣传推广无障碍理念及相关设施为主，则应配以轻松、易懂、简明的语言，同时，可以配合漫画、简图等形式，或以图片为主、文字为辅的方式，尽可能做到生动且易于理解，使大众增强对无障碍环境建设的理解与认同。期刊可每期开设无障碍专栏，刊登全球范围内优秀的无障碍范例，进行深度解读，使无障碍设计理念深入人心。还可把示范项目做成案例图书推广，使其成为业内标杆，并为其他项目建设提供参考依据。

除利用出版物推广外，可开展无障碍课堂，面向全社会进行围绕无障碍理念或无障碍设施建设相关内容的授课，如针对新出台的无障碍规范、导则等内容，帮助设计人员理解相关细则，从而更好地实施与运用；或开展围绕无障碍的论坛活动，邀请无障碍专家及各界学者以及高校学生，广泛交流先进的无障碍设计理念。通过上述方式，使业内及社会各界达到广泛共识，使人们认识到符合规范及标准的无障碍设施应当达到的建设水平，进而形成良性循环，优化北京市整体无障碍环境建设。

3.将无障碍纳入可持续或绿色街区的一体化的提升工作

绿色、生态、可持续是当今中国城市发展的重要战略及基本目标之一。在绿色城市的整体规划中，绿色街区的建设是其中重要一环。绿色街区由生态环境、空间环境、人文环境共同构成。优良的无障碍设施有助于整体绿色街区环境的提升，并从根本改善街区的空间环境，使其更具通畅性及可达性，提升市民的出行满意度，进而使残疾人和老年人等弱势群体共同参与到街区生态环境和人文环境的整体建设之中，共同构建环境友好型社会。此外，无障碍设施建设工作还可通过绿色街区的生态评价形成良性的反馈机制，进而完善街区整体无障碍系统。以一个绿色街区作为示范单元，形成热点，建立易于推广的建设模式并形成网络，进而达到推动城市整体绿色及可持续发展的目标。

可见，无障碍设施建设与绿色街区是相互依存、相互影响的关系，应纳入绿色街区的一体化提升工作之中。然而现阶段，还缺乏宏观层面的整体性把控与规划。这便要求无障碍环境建设的研讨需以绿色街区的理念为基础，在整体性、生态性及人性化的大原则把控下，建立无障碍设施与街区或城市的整体性联系。

（1）实施整体性建设，将无障碍纳入绿色街区各个建设环节。

整体性建设原则要求无障碍环境建设应在绿色街区的结构下进行，并与整体的城市规划契合。绿色街区自身内部的各个系统之间具有密切的关联性，如交通系统、空间结构、景观系统、公共空间以及建筑形态等。无障碍环境建设需要在此结构下寻求各系统间的平衡与衔接，使各路径之间形成无障碍连接，实现街区乃至北京市整体无障碍环境的系统性提升。

（2）秉持生态性建设，融入绿色及可持续理念。

无障碍设施建设工作应杜绝高能耗、高污染，并综合自然与人文要素进行一体化设计。这便要求在建设前期，就综合考虑气候、水文、地形等多个自然要素以及每一类人群的需求，建立更科学、更高效的无障碍系统，避免由于缺乏整体性考虑，导致系统庞杂混乱，使用效率低下。以生态性原则为依据的无障碍环境建设，在节约建造资源的同时也起到减少运营消耗的作用，进而建立资源集约利用、绿色低碳的无障碍环境建设模式，以达到生态化效益，最终为实现绿色街区乃至生态城市的建设做出贡献。

（3）坚持以人为本，促进绿色街区人文环境的提升。

无障碍设施终究是为人服务，只有做到从人的需求出发，才能实现真正的无障碍。以人性化原则为依据的无障碍环境建设，旨在满足人类参与到生活、工作以及自然环境中的心理和生理需求，要求注重设施使用的舒适性与通用性，注重对于资源和公共设施的共享。人性化追求的是人与环境的交互性，以及人与人之间的交互性，是从绿色街区角度出发进行无障碍设施建设的重要原则。

4. 有序推进旧有社区和建筑的无障碍设施改造

（1）建立北京市无障碍设施建设现状清单。

北京市大量既有建筑中的无障碍设施均存在不同程度的不符合规范及标准的现象，其具体情况如何，是下一步工作的基础。其中有多少达到了无障碍环境建设标准，又有多少存在不同方面的缺失与不足，它们是否存在一定的共性，是否可以总结出通用性的改造策略，以上诸多问题可以通过建立无障碍设施建设现状清单进行梳理与排查。该项工作的实施将有助于对北京市无障碍环境建设情况的整体把控，便于从宏观的角度发现其中的不足与缺漏，进而制定长期计划与目标，从长远的角度提升北京市无障碍环境建设。现状清单应随着北京市新建与改造项目同步更新，为建立长效、科学且因地制宜的无障碍环境建设管理工作建立基础。

（2）确定无障碍改造目标，制定分阶段的改造计划，落实资金。

经调研得出，由于中国无障碍环境建设起步较晚，存在大量尚未按照标准配建无障碍设施的既有建设项目。切不可在无计划、无目标情况下盲目进行批量改造，应当对北京市整体改造项目分类分项制定改造计划与阶段性目标，并根据不同的改造目标，制定具有针对性的无障碍改造方针，分批有序实施，确保改造项目的无障碍设施达到"合规适用"，而非仅仅"从无到有"。同时，政府应加大对非政府类既有建设项目进行无障碍设施改造的扶持力度，从资金、税收等方面给予奖励，并制定改造管理办法，确保无障碍设施改造工作的顺利推进以及相关资金的落实到位。

（3）制定改造指导手册，鼓励因地制宜地创新性技术和策略。

既有项目的改造受到地理位置、环境、项目自身建设情况等多种条件的限制，必然会产生不同的改造策略与方法。可以根据改造过程中所遇到的难点与痛点，进行相应诊断，从而制定相关的改造手册，以针对性地解决改造过程中出现的不同问题，避免在改造时由于无章法、生硬地加装无障碍设施，造成不符合规范且存在安全隐患的现象。同时，不同的改造条件下，采用的无障碍设施的建设标准也有所不同，政府应当鼓励企业与科研机构探索差异性的无障碍改造技术策略，力求通过创新性方法解决无障碍设施在不同建设情况与条件下的应用问题。

（4）针对老旧住宅加装电梯、残疾人和老年人的疏散救助等难点问题，制定解决方案。

老旧小区改造中的难点问题越来越引起社会的重视。如由于低楼层住户与高楼层居民（尤其是老年人和残疾人）对于住宅加装电梯的意见相左，导致该项工作无法顺利实施。应加强政府引导，压实地方责任，加强统筹协调，发挥社区主体作用，尊重居民意愿，充分倾听民意，制定切实保障所有居民利益的改造方案。比如可在遵守国家政策的前提下，适当增加住户使用面积，使低层住户同时受益，从而推动加装电梯工作的顺利实施。

此外，残疾人和老年人的疏散救助问题也长期被忽视，应制定专项解决方案，增强他们面对重大安全灾害时的应对能力与社会救助能力。首先在法律法规层面，应填补关于特定人士应急救助的空白。政府机构应加大相关科研投入，用于围绕针对特定人士应急救助系统的研发。此外，随着北京智慧城市的建设，可将社区救助系统与智慧社区相结合，借助互联网与数字生活等技术手段，提升救助系统的反馈速度与救助时效。同时，政府部门应持续制定鼓励政策以加强相关产品的生产与研发，满足多渠道的救助需求，攻克技术难点，以有力的技术与产品为基础，解决关于残疾人和老年人的疏散救助难题。

5. 完善项目全过程无障碍专项管理机制

目前，中国各地还没有真正有效地建立起严格的全过程无障碍专项管理机制，对无障碍设计规范的执行监督不力，对无障碍设施的工程验收不严，是目前无障碍环境建设中遇到的突出问题。北京市虽然相对做得较好，但仍未做到对主过程各节点严格管理。

（1）工程建设前期阶段，确定具体的无障碍环境建设标准。

工程建设前期阶段重在论证项目建设的必要性及可行性，并指导执行实施。现在，一个项目的无障碍环境建设往往只执行最底线的国家标准和地方标准，并没有在工程建设前期阶段就确定具体的、针对该项目自身特点的无障碍环境建设标准，因而在建设资金申请上存在漏项，使得后续建设中出现的无障碍需求得不到资金支持。项目建设完成往往也不进行专项验收，直至投入使用后才发现无障碍环境建设中存在的不足与漏洞。更遗憾的是大多数项目在建成后已不再具备改造的条件，即使具备条件并实施改造也将不可避免地造成资源浪费，令整体无障碍环境建设水平大打折扣。因此，在项目建设过程中应从工程建设前期阶段入手，明确项目本身适宜的无障碍环境建设标准，落实投资，作为后期建设的依据，并为项目的设计、施工、验收等阶段提供相关准则。

（2）工程建设准备阶段，加强监督，将无障碍设计纳入设计审查体系。

在此阶段中，设计人员往往由于对无障碍环境建设的重要性缺乏正确的认知，将其置于次要位置，甚至会为了建筑造型牺牲无障碍设施的功能，导致其空间被压缩或形式不符合规范。在无障碍的意识还没有融入设计师的整体设计理念之前，应该加强强制性专项审查工作，对设计文件形成要求。避免无障碍相关内容设计深度不够、不符合规范、无详细细化图纸等问题的出现。通过专项审查，提升设计人员对无障碍环境建设的重视程度，推广无障碍设计标准，加强业内人士对于无障碍理念的理解。此阶段要将无障碍设计作为一项重点审查内容，对不按规定进行无障碍设计的，不予核发建设工程规划许可证。

（3）探索无障碍设施专项工程验收。

无障碍设施专项工程验收是检查其是否符合设计要求和工程质量的重要环节。在当前诸多专项验收中，仍缺乏针对无障碍的专项验收工作，无障碍设施仍未成为验收重点。因此，应当探索出一套成系统、成体系且具执行性的无障碍专项验收工作方法，建立适宜的考核机制，建立专项验收标准。在重点项目中，除确保无障碍设施符合相关规范标准要求外，还要确保设施建设的美观性、实用性及符合低碳环保等高标准要求。各主管部门还可会同残疾人组织、老龄机构等弱势群体进行体验，听取意见，并将此环节作为专项验收的重点内容与依据。各建设行政主管部门应严格执法，杜绝未经验收或者验收不合格的项目交付使用，并依法责令改正，给予处罚。

6. 建立分级的后评估体系

为了判断无障碍设施建设达标与否、水平如何，需要建立适宜的后评估体系。后评估的目的有两种：一种是合规性评估，即该项目是否满足前期确定的建设要求的基本线评估。例如轮椅坡道的坡度是否达标，扶手的设置是否符合规范，是否达到了规范中对该类建筑所要求的无障碍厕位数量的设置，其设置是否合规等。该评估中的各项标准均为硬性指标，对不合规的项目必须要求其进行整改。另一种是水平性评估，即对项目无障碍设施建设达到的低、中、高水平的评估。水平性评估既是一种评估手段，同时也为无障碍环境建设的提升提供了引导方向。通过对项目评估后定级以达到对项目建设的鼓励，政府部门可设立资金对评估后达到高水平的无障碍环境建设项目进行一定的奖励，同时号召官方媒体扩大宣传。

需结合实际情况建立由专业评估机构、专家委员会构成的评估团队，有需要时还可聘请残疾人和老年人进行体验。

建立科学的后评估体系，根据法规标准以及项目地点、使用人群及项目自身实际情况，建立评估要点和指标体系。

评估过程依据预先设定的目标、建设标准，按照上述评估要点和指标体系，对无障碍设施对象进行分析、研究、比较、判断、评价，并预测其后期使用效果，在此基础上形成结论性材料，并作为该项目是否达到相应标准的重要考核指标。

7. 建立无障碍设施日常维护管理工作的相关检查和考核机制

北京市现有无障碍设施大量存在着因后期维护管理不到位而无法使用的现象。最常见的是人行道铺设的盲道，因年久失修，盲道砖损坏、缺失，给盲人的使用造成极大的安全隐患；也常见公共场所的无障碍卫生间上锁，沦为摆设。因此，为了确保无障碍设施日常的使用效果，应该加强对其的维护管理工作并建立相关的检查和考核机制。明确各主管部门相关职责，将维护、检查、考核等任务落实到具体单位，以做到分工管理并建立具有针对性的监管措施。并且在损坏或因其他原因拆除或移位后能够尽快恢复，真正做到使用安全、方便适用、维护及时、监管到位。建立"谁主管谁负责,谁拥有谁维护"的无障碍设施长效管理机制,确保城市无障碍设施定期自查、有人管理、有人维护,落实责任,形成合力。

(1)明确责任主体。

产权单位负责所有产权建筑物和设施的管理与维护,所在街道和社区负责本辖区内的无障碍设施的管理与维护工作。确定管理边界,处理当前多头管理与部门推诿的无效管理状态。

(2)制定和推行责任制。

明确各相关部门及个人的工作内容和职责,将责任落实到位,并制定相关规定。规定的制定必须要明确具体,同时还应制定可落实的惩罚办法,对违规行为进行严厉处罚。

(3)加大检查力度。

相关部门对已修建的无障碍设施进行定期或不定期的检查,实现制度化和常态化的监管,并发动社会监督,对破坏、占用、盗用无障碍设施的行为进行严格的惩治,在条件允许的情况下,由公共媒体对违规的组织或个体进行通报,以起到更好的警示作用。

(4)设立专项的无障碍维护管理小组。

设立专项的无障碍维护管理小组并为该维护小组配备专业管理人员和技术人员,专业地指导无障碍环境建设,有效地管理和维护无障碍设施。此外,该维护小组需要与其他有关部门建立密切合作,加大无障碍设施管理力度。

8.结合科技创新,鼓励企业开发新产品

(1)利用智慧智能技术,开展创新性研究。

紧抓5G场景和AI技术全面赋能的产业变革机遇,利用智慧智能技术,研究制定中国无障碍环境及通用技术和产品的顶层设计与基本框架,加强相关产业的技术系统集成和深度开发,攻关关键技术。以精准的需求为导向,以创新型研究与推广应用为目的,借助北京市领先的科技创新能力,在重要领域有所突破。

(2)以无障碍信息交流发展推动技术进步和产业提升。

推进无障碍信息交流技术融入无障碍环境的整体建设,培育信息化无障碍新兴市场。充分发挥应用示范机制，通过示范工程不断完善技术体系，提高产业成熟度。进一步细化相关的政策法规，健全相关产品的市场机制，推广无障碍信息交流技术应用和产品研发；搭建无障碍各技术领域之间的桥梁，互相启发、互相促进，协同解决问题。

（3）鼓励新产品研发和市场推广。

现在对于个性化的无障碍设施的需求日益加大。无障碍设施的个性化需要技术和产品创新来实现。例如，可升降的洗脸池或其他操作平台，可以灵活地满足乘轮椅人士、儿童及健全成年人不同的使用高度。产品创新可为未来无障碍设施的建设提供全新的思路和全新的动力，政府部门应当成立专项基金，鼓励企业开发创新性的无障碍设施、材料、设备和工具，并以此为契机举办相关学术交流活动，使新产品得以积极推广应用，逐步培育相关专业市场。

（四）北京市无障碍设施环境建设优秀案例图片

北京市无障碍设施环境建设优秀案例图片见图5-1至图5-9。

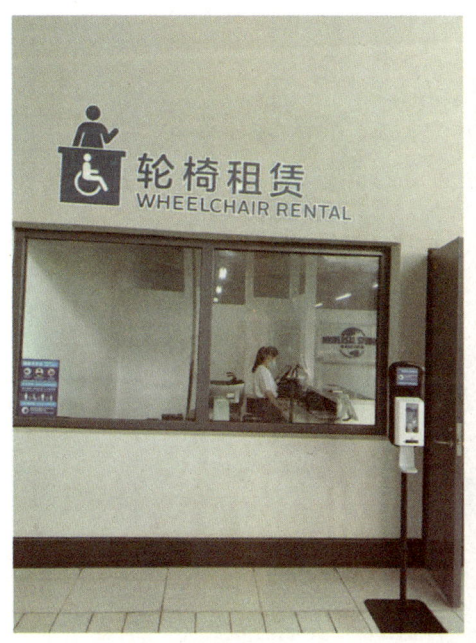
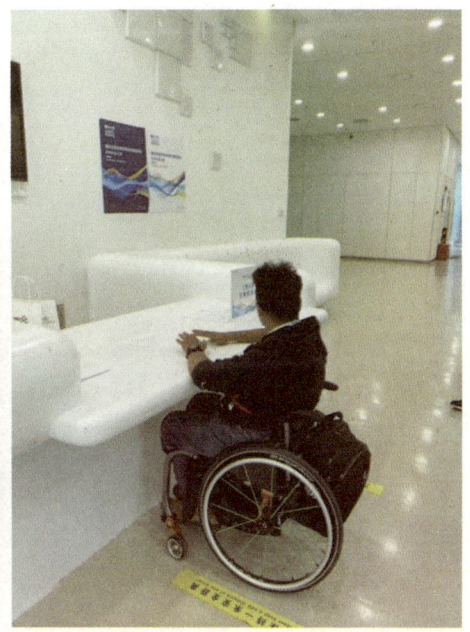

图5-1　无障碍服务柜台

图 5-2　公共场所的无障碍卫生设施

图 5-3　所有商铺均为平坡入口

第五章 案例与实践之一：北京市无障碍设施环境建设

图 5-4 保证地面平坦

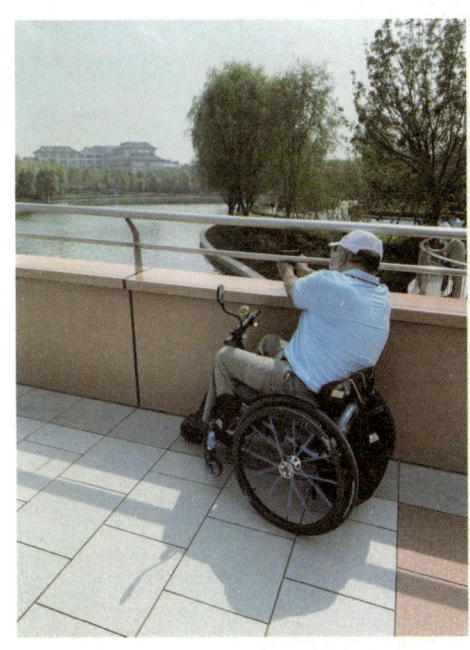 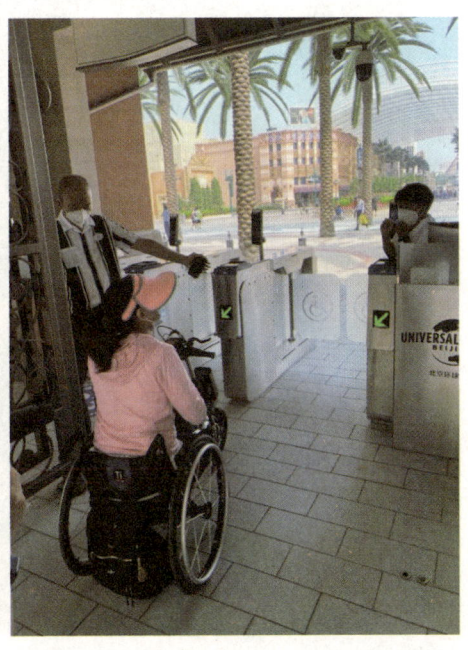

图 5-5 方便乘轮椅者使用的护栏　　　　图 5-6 方便乘轮椅者使用的入口闸机

133

图 5-7（1） 缘石坡道

图 5-7（2） 缘石坡道

图 5-8　无障碍客房内的设施

图 5-9　无障碍更衣室

第六章

案例与实践之二：
无障碍环境建设条例的发展

自 2004 年北京、上海、天津等发达地区发布关于无障碍设施建设和管理的地方法规以来，各省市区相继跟进，均保证了无障碍设施建设有地方法规可依。2012 年国务院发布《无障碍环境建设条例》，之后各地开始跟进，将地方法规升级为关于整体无障碍环境建设和管理的条例。尤其 2020 年左右，发达地区基本上已升级完毕，标志着中国的无障碍环境建设进入了新的阶段。

本章以条文对比的形式，分析国家和地方的无障碍环境建设条例的发展，选取了以下有关法规进行分析：

（1）2012 年发布实施的国务院令第 622 号《无障碍环境建设条例》（以下简称"2012 国"）。

（2）2021 年发布的《北京市无障碍环境建设条例》（以下简称"2021 京"）。

（3）2021 年发布的《上海市无障碍环境建设与管理办法》（以下简称"2021 沪"）。

（4）2021 年发布的《深圳经济特区无障碍城市建设条例》（以下简称"2021 深"）。

在下文将"2021 京""2021 沪""2021 深"合称三地条例。

一、章节设置和总体要求

（一）章节设置

"2012 国"	第一章　总则 第二章　无障碍设施建设 第三章　无障碍信息交流 第四章　无障碍社区服务 第五章　法律责任 第六章　附则
"2021 京"	第一章　总则 第二章　无障碍设施建设与管理 第三章　无障碍信息交流 第四章　无障碍社会服务 第五章　法律责任 第六章　附则
"2021 沪"	第一章　总则

"2021沪"	第二章　无障碍设施建设与维护 第三章　无障碍信息传播与交流 第四章　无障碍社会服务 第五章　监督管理 第六章　法律责任 第七章　附则
"2021深"	第一章　总则 第二章　规划和标准 第三章　出行无障碍 第四章　信息无障碍 第五章　服务无障碍 第六章　保障措施 第七章　法律责任 第八章　附则

三地条例的"章"的划分均与"2012国"保持一致，较有特色的是：

（1）"2021沪"将"监督管理"单独设为一章，体现了对管理环节的重视。

（2）"2021深"的第三章"出行无障碍"所包含的内容并不限于我们通常理解的无障碍交通出行的概念，而是和其他条例中的"无障碍设施"相关章节类似，根据深圳市人大常委会法工委解释此章节内容："《条例》从无障碍硬件设施的建设、规划、设计、施工、验收、改造、管理，延展到无障碍居住体系、道路通行和公共交通服务体系的构建，为有需要者营造无障碍出行环境。"[①] 笔者推测，条例制定者的观点是无障碍设施主要是为无障碍出行服务的。

（二）总则

1. 立法目的

"2012国"	第一条　为了创造无障碍环境，保障残疾人等社会成员平等参与社会生活，制定本条例。
"2021京"	第一条　为了提升无障碍环境建设水平，保障社会成员平等参与社会生活的权利，促进友好人居环境建设，提高社会文明程度，根据有关法律、行政法规，结合本市实际，制定本条例。
"2021沪"	第一条　为了创造更高水平的无障碍环境，保障残疾人、老年人等社会成员平等参与、共享高品质生活，提升城市温度和文明程度，展现国际大都市形象，根据《中华人民共和国残疾人保障法》《中华人民共和国老年人权益保障法》《无障碍环境建设条例》等法律、法规，结合本市实际，制定本办法。
"2021深"	第一条　为了保障残疾人和其他有需要者平等参与社会生活的权利，加快无障碍城市建设，打造城市文明典范，根据有关法律、行政法规的基本原则，结合深圳经济特区实际，制定本条例。

---

① http://www.cjr.org.cn/news/official/content/post_711696.html.

立法目的是条例的第一条，本条有两个核心点：

（1）要实现的目的。"2012国""2021京""2021沪"均明确提出以"无障碍环境"为目标。"2021深"提出了"无障碍城市建设"，是因为深圳没有乡村，所以此提法并不具有全国推广性。如果立足城乡一体，而且考虑法律的统一性，在全国范围仍旧会使用"无障碍环境"这一提法。北京和上海均在执行了将近20年的无障碍设施相关条例的基础上进行了提升，将对无障碍设施的管理提升至对无障碍环境的管理。

（2）服务的对象。"2012国"仍然是强调残疾人，兼顾其他社会成员，提出"残疾人等社会成员"，而"2021京"已经笼统地称为"社会成员"，"2021沪"提出"残疾人、老年人等社会成员"，"2021深"提出"残疾人和其他有需要者"。本书第一章第一节即对无障碍环境服务对象给予说明，但怎么以一个名词的形式称谓"无障碍环境"的服务对象，仍是需要统一的问题。

2. 定义和适用范围

"2012国"	第二条　本条例所称无障碍环境建设，是指为便于残疾人等社会成员自主安全地通行道路、出入相关建筑物、搭乘公共交通工具、交流信息、获得社区服务所进行的建设活动。
"2021京"	第二条　本条例所称无障碍环境建设，是指为便于残疾人、老年人等社会成员自主安全地通行道路、出入相关建筑物、搭乘公共交通工具、交流信息、获得社会服务所进行的建设活动。
"2021沪"	第二条（定义）　本办法所称无障碍环境，是指便于残疾人、老年人等社会成员自主安全地通行道路、出入相关建筑物、搭乘公共交通工具、交流信息、获得社会服务的环境。 第三条（适用范围）　本办法适用于本市行政区域内的无障碍设施、无障碍信息传播与交流、无障碍社会服务等相关建设与管理活动。
"2021深"	第二条　本条例所称无障碍城市建设，是指按照通用设计理念，制定制度规则，规划、设计、改造和管理城市，为残疾人和老年人、伤病患者、孕妇、儿童以及其他有需要者（以下统称有需要者）出行、交流信息、享受服务和居家生活提供便利。

关于定义和适用范围有两个核心点：

（1）"2012国""2021京"和"2021深"是在给"无障碍环境（城市）建设"下定义，而"2021沪"是在给"无障碍环境"下定义。笔者认为原因可能是"2021沪"将管理从建设中分离了出来。

（2）关于服务的对象。与"立法目的"相同，"2012国"仍然是强调残疾人，兼顾其他社会成员，提出"残疾人等社会成员"，而"2021京"和"2021沪"提出"残疾人、老年人等社会成员"，"2021深"提出"残疾人和老年人、伤病患者、孕妇、儿童以及其他有需要者（以下统称有需要者）"。服务对象不同，无障碍设施和服务的范围就不同，母婴室、儿童卫生设施是否算作无障碍设施，现在还没有定论，在深圳，按照"2021深"，这些设施都应该纳入无障碍设施的范围。

3. 基本原则

"2012国"	第三条　无障碍环境建设应当与经济和社会发展水平相适应，遵循实用、易行、广泛受益的原则。
"2021京"	第三条　政府及其有关部门应当弘扬社会主义核心价值观，坚持社会成员平等、参与、共享的文明理念，在全社会营造理解、尊重、关心和帮助残疾人、老年人等社会成员的良好氛围。 无障碍环境建设应当与经济和社会发展水平相适应，遵循通用设计、合理便利、广泛受益的原则。
"2021沪"	第四条　无障碍环境建设应当与经济社会发展水平相适应，遵循政府主导、社会参与、广泛受益的原则，满足相关社会成员自主出行、便捷交流、获得服务等需求，体现人文关怀与社会支持。
"2021深"	第三条　无障碍城市建设应当遵循政府主导、全民参与、广泛受益的原则，并坚持规划先行、标准引领、技术支撑、共建共享。

关于基本原则有三个核心点：

（1）"应当与经济和社会发展水平相适应"，这一原则是从"2012国"一直延续下来的。"2021深"即便没有明确的条文要求，这一原则也是渗透在整个条例中的。这一原则，反映了无障碍环境建设的特点，一方面是一个逐渐优化升级的过程；另一方面是需要物质和文化的条件支撑的。

（2）"2021沪"和"2021深"均提出了政府主导的原则，"2021京"更是将政府如何主导进行了明确的表述。

（3）"2021京"首次在立法层面提出了"通用设计"这一原则。顾名思义，"通用设计"是一个设计原则，现在一些地方和团体标准对其进行了定义描述，但在条例里怎么理解这个原则，需要进一步给予明确。

4. 规划

"2012国"	第四条　县级以上人民政府负责组织编制无障碍环境建设发展规划并组织实施。 编制无障碍环境建设发展规划，应当征求残疾人组织等社会组织的意见。 无障碍环境建设发展规划应当纳入国民经济和社会发展规划以及城乡规划。
"2021京"	第四条　市、区人民政府应当加强无障碍环境建设与管理，征求残疾人联合会、老年人组织、妇女联合会等有关组织的意见，制定无障碍环境建设发展规划，纳入国民经济和社会发展规划和相应的国土空间规划。

"2021京"	市、区人民政府应当每五年至少组织一次无障碍环境建设发展规划的实施情况评估，评估结果向社会公开。 第五条　规划自然资源、住房和城乡建设、城市管理、交通、市场监督管理、文化和旅游、通信、经济和信息化、教育、体育、卫生健康、民政、农业农村、园林绿化等部门应当将无障碍环境建设内容纳入相关专项规划，并组织实施，依据法定职责，加强指导监督检查。
"2021沪"	第八条（发展规划）　市、区人民政府负责组织编制本行政区域无障碍环境建设发展规划，纳入国民经济和社会发展规划以及国土空间规划，并组织实施。 住房城乡建设、交通、经济信息化等部门应当将无障碍环境建设内容纳入相关专项规划，并组织实施。 编制无障碍环境建设发展规划和相关专项规划，应当征求残疾人联合会、老年人组织等社会组织的意见。
"2021深"	第九条　市人民政府应当将无障碍城市建设纳入国民经济和社会发展规划，并组织编制市无障碍城市建设专项规划。 市、区人民政府及其相关部门在制定其他专项规划时，应当与无障碍城市建设专项规划有效衔接。 各区人民政府应当按照本市国土空间规划和无障碍城市建设专项规划要求，制定本行政区域无障碍城市建设实施计划，按照规定经批准后组织实施。 第十条　市、区人民政府应当定期组织开展无障碍城市建设专项规划和无障碍城市建设实施计划实施情况评估，并向社会公开评估结果。 市、区人民政府及其相关部门应当根据评估情况，及时调整、修改无障碍城市建设专项规划和实施计划。 第十四条　市、区人民政府应当根据无障碍城市建设专项规划和标准要求，构建无障碍居住、道路通行和公共交通服务体系。

关于规划，三地条例在国家条例的基础上，均深化了对于"相关规划"的要求。具体的规划形式，"2021京"和"2021沪"在市区级要求制定无障碍环境建设发展规划，纳入国民经济和社会发展规划和相应的国土空间规划，在部门级要求将无障碍环境建设内容纳入相关专项规划，没有提出无障碍专项规划的制定要求；而"2021深"明确要求编制市级的无障碍城市建设专项规划。

"2021京"和"2021沪"还有一个相同点是明确提出规划要征求残疾人联合会、老年人组织、妇女联合会等有关组织的意见。这大概是因为上文提及的北京、上海这两个城市确定的规划形式的情况，选择采取的工作机制。如果要求编制无障碍的专项规划，那么这些组织的参与模式就不只是被征求意见了。

"2021深"的第十四条提出"构建无障碍居住、道路通行和公共交通服务体系"，是一个规划性的要求，放置在"出行无障碍"这一章，可理解为对这一章的总则性要求。

5. 规范标准

"2012国"	第五条　国务院住房和城乡建设主管部门负责全国无障碍设施工程建设活动的监督管理工作，会同国务院有关部门制定无障碍设施工程建设标准，并对无障碍设施工程建设的情况进行监督检查。
"2021京"	第五条　规划自然资源、住房和城乡建设、城市管理、交通、市场监督管理、文化和旅游、通信、经济和信息化、教育、体育、卫生健康、民政、农业农村、园林绿化等部门……制定本市无障碍环境建设领域相关的地方标准。
"2021沪"	分散在不同的条文要求中。
"2021深"	第十一条　城市建设项目、设施、产品、信息以及服务应当符合相关无障碍标准。市场监管部门可以根据需要会同市政府相关部门和群团组织借鉴国际经验，组织制定无障碍地方标准，健全完善无障碍设施和产品检测认证制度。 鼓励企业事业单位和行业组织制定和完善无障碍企业、团体标准。

关于规范标准，"2012国"明确了无障碍设施工程建设标准由住建部牵头，随着无障碍环境建设工作的展开，其涉及的范围已经比无障碍设施广泛。近些年规范标准体系的发展，反映了无障碍由"设施"向"环境"的发展。工信、交通、民政等部门先行制定和本部门业务相关的规范标准，随着认识到无障碍服务的重要性，参与到相关标准制定的部门逐渐增加。"2021京"立足无障碍环境，将无障碍环境建设规范和标准设定为涉及住房和城乡建设、交通、经济和信息化、民政等主管部门的体系，将相关要求列入总则。

"2021沪"在整个"管理办法"内，一再提出要符合标准，但并未提出制定标准的要求。

6. 政府职责

"2012国"	第五条　国务院住房和城乡建设主管部门负责全国无障碍设施工程建设活动的监督管理工作，会同国务院有关部门制定无障碍设施工程建设标准，并对无障碍设施工程建设的情况进行监督检查。 国务院工业和信息化主管部门等有关部门在各自职责范围内，做好无障碍环境建设工作。
"2021京"	第四条　建立部门间工作协调机制，统筹解决无障碍环境建设与管理中的重大问题，督促落实各项工作任务。 区人民政府负责组织无障碍设施改造、维护和管理，将无障碍环境维护和管理纳入网格化城市管理体系。 街道办事处、乡镇人民政府按照职责做好本辖区内的无障碍环境建设相关工作。
"2021沪"	第五条（政府职责）　市、区人民政府应当加强对无障碍环境建设与管理工作的领导，建立健全综合协调机制，协调解决无障碍环境建设与管理的重要问题，督促相关任务落实。

"2021 沪"	第六条（部门职责） 住房城乡建设部门负责公共建筑、居住建筑、居住区无障碍设施工程建设活动的监督管理，并会同有关部门对公共建筑、居住建筑、居住区无障碍设施工程的使用状况进行监督检查。 交通部门负责道路、公共交通设施无障碍设施工程建设活动的监督管理，并对道路、公共交通设施无障碍设施工程的使用状况进行监督检查。 经济信息化、文化旅游部门按照各自职责，负责推进无障碍信息传播与交流。 民政部门负责指导和推进养老服务机构、儿童福利机构、残疾人养护机构的无障碍环境建设工作，组织实施老年人家庭无障碍设施改造。 卫生健康、教育部门负责指导和推进医疗卫生机构、学校的无障碍环境建设工作。 发展改革、财政、规划资源、房屋管理、绿化市容、农业农村、商务、体育、科技、公安、城管执法等部门在各自职责范围内，负责无障碍环境建设与管理相关工作。
"2021 深"	第四条 市、区人民政府对本行政区域无障碍城市建设工作实行统一领导。 市、区人民政府相关部门以及残疾人联合会、妇女联合会、共青团等群团组织按照各自职责负责无障碍城市建设相关工作。 街道办事处、社区基层组织应当按照有关规定推进辖区无障碍社区建设。 第五十二条 市、区人民政府应当根据本行政区域无障碍城市建设需要，将无障碍城市建设所需经费按照规定列入本级财政预算。 第五十三条 市、区人民政府及其相关部门应当制定和完善相关政策，扶持、引导、鼓励科研机构和企业依托人工智能、物联网、云计算、大数据等新一代技术为有需要者提供先进的无障碍产品和服务。 第五十四条 市人民政府应当加强与境内外其他城市和地区无障碍建设交流合作，推动粤港澳大湾区无障碍城市建设协同发展。 第五十五条 市教育部门应当将无障碍城市教育纳入中小学校园文化建设，配合开展无障碍城市宣传教育。 市教育、文化广电旅游体育等相关部门应当会同市残疾人联合会、妇女联合会、共青团等群团组织编制无障碍城市文化读物。

关于政府职责，无障碍环境建设是需要部门协同的工作，国家层面在10年前即确定了住建部门牵头，组织各部委参与的模式。这与早期的无障碍环境建设是以建筑和市政的无障碍设施建设为主分不开。"2012 国"特意提出了国务院工业和信息化主管部门，也是意识到了产品和信息化领域的无障碍发展。

而三地条例更加强调各级人民政府进行统一领导，各部门各司其职。根据笔者调研到的情况，中国的大部分城市都设一位副市长级的官员主管无障碍环境建设工作。

7. 社会责任

"2012 国"	第七条 国家倡导无障碍环境建设理念，鼓励公民、法人和其他组织为无障碍环境建设提供捐助和志愿服务。
"2021 京"	第六条 无障碍环境建设是全社会的共同责任，政府、市场、社会和个人共同推动无障碍环境建设。 任何单位和个人都应当爱护无障碍环境，有权对破坏无障碍环境的行为进行劝阻、投诉和举报。 残疾人联合会、老年人组织、妇女联合会等有关组织可以邀请人大代表、政协委员、专家学者、市民代表等担任监督员，对无障碍环境建设和管理进行监督，向有关部门提出意见和建议;有关部门应当为监督工作提供便利，对意见和建议及时办理并答复。

"2021 沪"	第七条（社会组织） 残疾人联合会、依法设立的老年人组织（以下简称老年人组织）等社会组织有权向有关部门反映相关社会成员的无障碍环境需求，提出加强和改进无障碍环境建设与管理的意见、建议，开展社会监督。 第四十四条（督导） 残疾人联合会等社会组织可以邀请人大代表、政协委员、专家学者、市民代表等担任督导员，监督无障碍环境的建设和使用情况。 督导员发现不符合无障碍环境建设与管理要求的问题，可以向无障碍设施所有权人或者管理人、无障碍服务提供者提出改进建议，或者直接向有关部门报告。 第四十六条（投诉、举报及其反馈） 对违反无障碍环境建设与管理规定的行为，任何单位和个人均可以向无障碍设施的所有权人或者管理人、无障碍服务提供者反映，或者向有关部门进行投诉、举报。 有关部门接到投诉、举报后，应当及时核实处理，并将处理情况反馈投诉人、举报人。
"2021 深"	第六条 建设无障碍城市是全社会的共同责任。建立和完善政府、市场、社会和个人共建共治共享的社会治理体系，共同推动无障碍城市建设。 鼓励公民、法人和其他组织以投融资、技术创新、公益赞助、慈善捐赠和志愿服务等多种形式参与、支持无障碍城市建设。 第十三条 市、区人民政府及其相关部门制定无障碍城市建设的规划、标准和政策时，应当征求有需要者的意见；涉及残疾人、老年人、儿童等特定人群的，还应当征求相关特定人群代表的意见。 第五十八条 残疾人联合会、妇女联合会、共青团等群团组织可以分别或者联合开展无障碍城市建设情况调查评估，并发布调查评估报告。 残疾人联合会、妇女联合会、共青团等群团组织可以根据调查评估结果向相关部门提出改进意见和建议，相关部门应当及时处理并答复。 第五十九条 建立无障碍城市建设社会监督员制度。残疾人联合会、妇女联合会、共青团等群团组织可以聘请专业人员、有需要者代表等作为社会监督员，对无障碍设施设备建设、改造、维护和使用等无障碍环境建设情况进行监督，相关单位和个人应当予以配合。 前款社会监督员不得泄露在检查监督工作中获悉的商业秘密、专有技术信息以及个人隐私。 残疾人联合会、妇女联合会、共青团等群团组织可以将社会监督员发现的问题向相关部门书面提出意见，相关部门应当依法及时处理，并反馈处理情况。

关于社会责任，"2012 国"提出的是原则性要求，三地条例均从个人到组织强调社会参与。"2012 国"提出的参与方式是捐助和志愿服务，三地条例提出了多样的参与方式，包括监督、反馈意见、提出建议。同时三地条例均提出了设立"监督员"这一机制，组织性地参与到无障碍环境建设中去。在提倡社会参与的驱使下，国家条例再修订时，势必会增加社会性的监督和建议的要求。

8. 支持保障

"2012 国"	第八条 对在无障碍环境建设工作中作出显著成绩的单位和个人，按照国家有关规定给予表彰和奖励。
"2021 京"	第七条 本市支持无障碍环境的科学技术研究，加强相关领域人才培养，鼓励采用无障碍通用设计的技术和产品，推进无障碍技术和产品的开发、应用和推广。 鼓励公民、法人和其他组织为无障碍环境建设提供捐助和志愿服务。 政府及其有关部门应当提供资金、人员培训等方面的支持，鼓励以服务残疾人、老年人为宗旨的公益慈善组织的发展。

"2021京"	对在无障碍环境建设工作中作出显著成绩的单位和个人，按照国家和本市有关规定，给予表彰和奖励。 第八条　残疾人联合会、老年人组织应当组织编制无障碍服务通用知识读本，普及无障碍服务知识，指导有关单位开展无障碍服务技能培训，提升对残疾人、老年人等社会成员的服务水平。 报刊、广播、电视、网络等媒体应当加强无障碍环境建设的公益宣传；在国际残疾人日、老年节等重要时间节点安排固定时段或者版面进行公益宣传。
"2021沪"	第九条（示范引领与科技研发）　鼓励区人民政府在推进新城建设、旧区改造、城市更新等过程中，运用5G、物联网、人工智能等新一代信息技术，建设更高标准的无障碍环境，创建无障碍环境示范项目、示范区。 支持企业事业单位、社会组织及个人研发、推广和应用无障碍通用设计技术、产品，提高无障碍环境的便捷化、系统化、智能化水平。 第十条（宣传教育）　市、区人民政府有关部门在履行无障碍环境建设与管理职责过程中，应当组织开展无障碍环境建设宣传教育工作。 鼓励残疾人联合会等社会组织开展无障碍环境建设宣传教育活动，为相关单位和个人学习无障碍环境知识、开展相关技能培训提供指导和帮助。 广播电台、电视台、报刊、新闻网站等媒体应当按照有关规定，开展无障碍环境建设公益宣传。 第十一条（社会支持）　鼓励志愿者、志愿服务组织参与无障碍环境建设宣传，监督无障碍环境建设活动，提供志愿服务。鼓励企业事业单位、社会组织及个人捐助无障碍环境建设。 第十二条（考核与奖励）　市、区人民政府应当将无障碍环境建设作为精神文明创建活动的重要内容，纳入精神文明创建考核评价指标体系。 对在无障碍环境建设工作中做出显著成绩的单位和个人，按照国家有关规定给予表彰和奖励。
"2021深"	第八条　鼓励运用现代科学技术开展无障碍技术、产品和服务的研发、推广和应用，拓展可视、可听、可行、互动式的应用场景、产品和服务，让有需要者能够平等、便捷地共享科学技术发展成果。 第五十条　每年12月3日为本市无障碍城市宣传日。 第五十一条　市、区人民政府应当把无障碍城市建设纳入文明城市建设内容。 市教育、文化广电旅游体育等相关部门和残疾人联合会、妇女联合会、共青团等群团组织，应当根据各自工作职责制定实施无障碍城市宣传促进计划，定期开展宣传教育活动，向公众普及无障碍城市理念、知识和技能。 广播电台、电视台和报刊等新闻媒体应当按照有关规定安排一定时段或者版面进行无障碍城市建设的公益宣传。

关于支持保障，三地条例均表达了对于技术的极大期待，以及对于宣传的重视。这说明，对于无障碍环境建设的支持和保障也要兼顾精神性和物质性两个方面。

通过"2021沪"可以看出，支持保障工作包括示范引领与科技研发、宣传教育、社会支持、考核与奖励四个主要方面。

二、无障碍环境建设主要部分的要求

（一）无障碍设施建设

三地条例关于无障碍设施建设的要求均有政策延续性，在已经执行了若干年的地方法规的基础上，根据社会和技术能力的发展进行了调整。

1. 范围和建设要求

"2012 国"	第九条 城镇新建、改建、扩建道路、公共建筑、公共交通设施、居住建筑、居住区，应当符合无障碍设施工程建设标准。 乡、村庄的建设和发展，应当逐步达到无障碍设施工程建设标准。
"2021 京"	第九条 新建、扩建和改建道路、公共建筑、公共交通设施、居住建筑、居住区，应当符合无障碍设施工程建设标准。有关单位应当严格执行国家和本市关于无障碍设施工程建设的标准，保障残疾人、老年人等社会成员的通行安全和使用便利。 新建、扩建和改建的无障碍设施工程应当与主体工程同步设计、同步施工、同步验收投入使用，并与周边的无障碍设施相衔接。
"2021 沪"	第十三条（无障碍设施建设要求） 新建、改建、扩建道路、公共建筑、公共交通设施、居住建筑、居住区，应当符合无障碍设施工程建设标准。相关部门应当及时完善本市无障碍设施工程建设标准。 无障碍设施工程应当与主体工程同步设计、同步施工、同步验收投入使用。 新建的无障碍设施应当与周边的无障碍设施相衔接。
"2021 深"	第十五条 新建、改建和扩建建设项目应当按照相关标准建设无障碍设施，与建设项目同步设计、同步施工、同步验收、同步交付使用，并与周边既有无障碍设施相衔接。 第二十二条 下列场所应当按照有关规定或者技术规范配建无障碍电梯，并与周边无障碍设施有效衔接： （一）需要安装电梯的公共建筑； （二）机场、车站、客运码头、口岸等交通枢纽和地铁站点； （三）主要干道、主要商业区、大型居住区的人行天桥。 第二十三条 下列场所应当按照建设标准配建母婴室和无障碍卫生间或者厕位，并保障在运营期间正常使用： （一）机场、车站、客运码头、口岸等交通枢纽场所和地铁换乘站点； （二）学校、医院（门诊部）、公园以及体育场馆、图书馆、博物馆、文化馆等公共文化设施； （三）国家机关和事业单位对外办公场所； （四）商场、酒店、旅游景点等公共场所。 鼓励商务办公场所设置母婴室或者兼容母婴室功能的场所。 第二十四条 新建、改建和扩建非机动车道和人行道，应当按照规定设置无障碍设施。 城市主要干道、主要商业区和居住区周边人行道信号灯应当设置过街音响提示装置。 第三十一条 改建、扩建道路或者开设路口时，应当与周边盲道、坡道等无障碍设施有效衔接，不得破坏人行道和非机动车道无障碍设施的连续性。

关于无障碍设施的范围和建设要求，三地条例除了提出了常规的、和"2012 国"基本一致的关于无障碍设施建设的范围和要求外，"2021 深"明确了其对于城市公共场所配置的无障碍设施的要求，对于无障碍电梯、母婴室、无障碍卫生间等，提出了具体的要求设置的位置，一定程度上填补了现在无障碍设施建设强度和密度方面依据的缺失。

无障碍设施毋庸置疑应包括服务于残疾人和老年人的设施，但近些年受到社会广泛关注的，并和国家人口政策调整相关的母婴设施、儿童友好设施等是否归于无障碍设施，现在还没有定论。

2. 设计、施工和验收

"2012 国"	第十条　无障碍设施工程应当与主体工程同步设计、同步施工、同步验收投入使用。新建的无障碍设施应当与周边的无障碍设施相衔接。
"2021 京"	第十条　建设单位不得明示或者暗示设计单位或者施工单位违反无障碍设施工程建设强制性标准，降低无障碍设施工程建设质量。 建设单位组织建设工程竣工验收，应当同步对无障碍设施进行验收，根据实际需要可以邀请残疾人、老年人等代表对无障碍设施进行试用体验，听取意见和建议。 建设单位向住房和城乡建设或者其他专业工程行政主管部门报送备案的工程竣工验收报告应当包含无障碍设施建设情况。 第十一条　设计单位开展建设工程设计，应当按照无障碍设施工程建设标准同步设计无障碍设施。无障碍设施设计内容应当在建设工程设计总说明中进行单项说明。 规划自然资源部门审核建设工程设计方案，应当执行无障碍设施工程建设标准，并就无障碍设施工程建设征求住房和城乡建设、交通等部门的意见。 施工图审查单位审核建设工程施工图设计文件，应当按照有关法律、法规和无障碍设施工程建设标准对无障碍设施施工图进行审查。 第十二条　施工单位应当按照施工图设计文件和有关标准进行无障碍设施的施工。 工程监理单位应当按照无障碍设施工程建设标准和施工图设计文件，对无障碍设施的施工质量实施监督管理，承担监理责任。 第十三条　住房和城乡建设以及相关专业工程行政主管部门应当对无障碍设施建设工程质量实施监督管理。 建设工程质量监督机构出具的建设工程质量监督报告，应当包含无障碍设施建设的相关情况。
"2021 沪"	第十五条（设计、施工与监理）　设计单位在进行建设项目设计时，应当按照无障碍设施工程建设标准，配套设计无障碍设施。 施工单位应当按照经审查通过的施工图设计文件，配套建造无障碍设施，并对施工质量负责。 工程监理单位应当按照无障碍设施工程建设标准和经审查通过的施工图设计文件，对无障碍设施的施工质量实施监理，并承担监理责任。 第十六条（规划与施工审查）　规划资源部门在审查建设工程设计方案时，应当就配套的无障碍设施建设要求，征询住房城乡建设、交通等部门的意见。 施工图审查机构在审核建设工程施工图设计文件时，应当按照有关法律、法规和无障碍设施工程建设标准，对配套建设的无障碍设施设计内容进行审查；不符合有关强制性要求的，不予审查通过。 第十七条（竣工验收、备案）　建设单位在组织建设项目竣工验收时，应当同时验收配套建设的无障碍设施；报送备案的工程竣工验收报告，应当包含无障碍设施建设内容。 受住房城乡建设、交通等部门委托的建设工程质量监督机构，在提交的建设工程质量监督报告中，应当包含无障碍设施建设的内容。 第十八条（无障碍设施试用体验）　新建、改建、扩建下列场所，建设单位在组织竣工验收时，可以根据实际需要，邀请残疾人、老年人等社会成员代表对无障碍设施进行试用体验，听取其意见和建议： （一）社会福利、康复托养、特殊教育等专业服务场所； （二）国家机关、事业单位的公共服务场所； （三）城市主要道路、广场、公园、绿地、公共厕所等公共活动场所； （四）交通运输、文化、体育、教育、医疗卫生等公共服务场所； （五）金融、邮政、通信、公用事业等营业场所； （六）大中型商场、餐饮、住宿、旅游等商业服务场所； （七）与残疾人、老年人等社会成员日常生活、工作密切相关的其他场所。

"2021深"	第十六条 建设单位在申请办理建设工程规划许可时，应当按照有关技术规范报送无障碍设计内容。未报送无障碍设计内容的，规划和自然资源部门不予办理建设工程规划许可证。 设计单位进行建设工程设计时，应当按照无障碍设计规范的要求，设计配套无障碍设施。 施工单位应当按照施工图设计文件进行无障碍设施施工，并依法承担工程质量施工责任。 工程监理单位应当依照法律、法规以及无障碍设施工程建设标准、施工图设计文件，对无障碍设施的建设质量实施监理，并依法承担工程质量监理责任。 第十七条 下列新建、改建和扩建建设项目竣工验收时，建设单位应当邀请残疾人联合会参加，听取残疾人代表试用意见： （一）道路、轨道交通以及机场、车站、客运码头、口岸等交通枢纽场所； （二）学校、医院以及体育场馆、图书馆、博物馆、文化馆等公共文化设施； （三）国家机关、事业单位对外办公场所；
"2021深"	（四）金融、邮政、通信以及商场、酒店等商业服务场所； （五）公园、旅游景点等公共场所。 其他建设项目的无障碍设施，建设单位可以邀请残疾人联合会组织残疾人代表试用。 专门为儿童设计的无障碍设施，建设单位应当邀请妇女联合会组织儿童代表试用。

设计、施工和验收涵盖了"狭义"的建设全过程。从近些年的实践经验看，在无障碍设施建设方面，这三个阶段均存在问题，甚至有些环节可以称为"失控"。

尤其验收环节，作为工程建设的最后一道"关"，虽然有《无障碍设施施工验收及维护规范》这一国家标准，但缺乏验收程序的保障，基本上很少有项目认真执行无障碍设施的验收，造成投入使用的无障碍设施质量非常"随机"。

针对长期以来无障碍设施缺乏有效验收的问题，"2021京"和"2021沪"均明确提出"建设工程质量监督报告中，应当包含无障碍设施建设的内容"，三地均提出了在验收阶段邀请使用者体验的环节。

3. 改造和维护

"2012国"	第十一条 对城镇已建成的不符合无障碍设施工程建设标准的道路、公共建筑、公共交通设施、居住建筑、居住区，县级以上人民政府应当制定无障碍设施改造计划并组织实施。 无障碍设施改造由所有权人或者管理人负责。 第十七条 无障碍设施的所有权人和管理人，应当对无障碍设施进行保护，有损毁或者故障及时进行维修，确保无障碍设施正常使用。 第二十九条 对需要进行无障碍设施改造的贫困家庭，县级以上地方人民政府可以给予适当补助。
"2021京"	第四条 区人民政府负责组织无障碍设施改造、维护和管理，将无障碍环境维护和管理纳入网格化城市管理体系。

"2021京"	第十四条 无障碍设施管理责任人应当加强对无障碍设施的日常巡查，履行下列维护管理责任，确保无障碍设施正常使用： （一）设置符合国家标准的无障碍标识，保证标识位置醒目、内容清晰、规范，指明无障碍设施的走向以及具体位置； （二）定期对无障碍设施进行维护和保养； （三）发现无障碍设施、标识损毁、损坏的，及时维修； （四）发现无障碍设施被占用的，及时纠正； （五）对确需改造的无障碍设施，履行改造责任。 本条前款所称管理责任人，是指道路、公共建筑、公共交通设施、居住建筑、居住区的所有权人；所有权人、管理人和使用人对维护管理和改造责任的承担另有约定的，按照约定执行。 第十五条 已经建成的道路、公共建筑、公共交通设施、居住建筑、居住区应当建设但未建设无障碍设施的，有关管理责任人应当在限定的时间内完成整改。 已经建成且无障碍设施符合原建设标准的道路、公共建筑、公共交通设施、居住建筑、居住区，按照新的标准进行无障碍设施改造的，由市人民政府组织有关部门制定无障碍设施改造计划，区人民政府负责组织实施，管理责任人应当在限定的时间内完成改造。市、区人民政府可以采取财政补贴等措施予以扶持。具体扶持办法由市政府有关部门制定。 残疾人、老年人家庭申请进行生活设施无障碍改造的，区人民政府可以按照本市相关规定予以补贴。 本市支持社会力量参与无障碍设施改造。 第三十七条 违反本条例第十四条规定，管理责任人未履行维护管理责任的，由街道办事处、乡镇人民政府或者相关部门依据职权责令限期改正；逾期不改正的，处三千元以上三万元以下罚款。
"2021沪"	第二十一条（无障碍设施改造） 对已建成的不符合无障碍设施工程建设标准的道路、公共建筑、公共交通设施、居住建筑、居住区，市住房城乡建设、交通等有关部门应当组织编制无障碍设施改造计划，报市人民政府批准后组织实施。区人民政府应当编制本行政区域的无障碍设施改造计划并组织实施。 本办法第十八条所列场所的无障碍设施改造，应当优先列入改造计划。 （一）社会福利、康复托养、特殊教育等专业服务场所； （二）国家机关、事业单位的公共服务场所； （三）城市主要道路、广场、公园、绿地、公共厕所等公共活动场所； （四）交通运输、文化、体育、教育、医疗卫生等公共服务场所； （五）金融、邮政、通信、公用事业等营业场所； （六）大中型商场、餐饮、住宿、旅游等商业服务场所； （七）与残疾人、老年人等社会成员日常生活、工作密切相关的其他场所。 无障碍设施改造，由所有权人或者管理人负责。鼓励社会力量参与无障碍设施改造。 第二十二条（无障碍设施养护） 无障碍设施的所有权人和管理人，应当对无障碍设施进行维护和管理，有损毁或者故障及时进行维修，确保无障碍设施正常使用。 第二十三条（维修资金使用） 居住区无障碍设施维修、更新和改造，需要使用专项维修资金的，按照国家和本市住宅物业管理的相关规定办理。 第二十四条（加装电梯和家庭无障碍设施改造） 本市鼓励老旧居住区加装电梯，推进符合条件的残疾人、老年人家庭无障碍设施改造。 对符合条件的残疾人、老年人家庭无障碍设施改造，给予适当补贴。
"2021深"	第十八条 本条例实施前已建成的建筑物、设施、场所不符合无障碍标准的，市、区人民政府应当制定无障碍改造计划；专门为残疾人、老年人、儿童等有需要者提供服务的场所，应当优先进行改造。 不符合无障碍标准的建筑物、设施和场所，由所有权人或者管理者负责进行改造。属于非政府投资建设项目进行无障碍改造的，政府可以给予适当补贴。具体办法由市人民政府制定。 第十九条 区人民政府应当加快推进无障碍社区建设和改造，完善社区公共服务设施无障碍服务功能，为有需要者参与社会生活提供便利。

"2021 深"	第二十一条　残疾人、老年人家庭进行生活设施无障碍改造，符合有关规定的，可以向社区基层组织提出经费补助申请，由街道办事处汇总报送区残疾人联合会或者区民政部门审定后，按照有关规定给予补助。 第二十九条　无障碍设施由其所有权人或者管理者负责维护和管理工作，并保障无障碍设施正常使用。 第三十条　任何单位和个人不得损坏、侵占无障碍设施或者改变无障碍设施用途。 因城市建设或者社会公益活动需要临时占用无障碍设施的，应当及时设置防护栏，在明显位置设置警示标识或者信号设施，并采取必要的替代措施。 临时占用期满，应当及时恢复无障碍设施的使用。

对于无障碍设施的改造，所有条例均提出了需要改造的范围、改造标准、政府职责和资金来源。

在所有条例中，改造的依据为"无障碍设施工程建设标准"。"2021 京"特意提到当标准更新后，符合旧标准的无障碍设施如何"与时俱进"地进行改造。"2021 沪"提出维修资金使用、加装电梯和家庭无障碍设施改造。"2021 沪"对于改造范围的要求相对更详细，明确了哪些场所优先列入改造计划。

对于无障碍设施的维护，所有条例均提出了责任划定和处罚原则的要求。具体工作时，需首先确定责任人，并制定维护规章制度。作为地方条例，提出处罚的目的是督促工作不落于口头，保证有人员进行管理，如果做不到这一点，条例的规定将形同虚设。

4. 无障碍公共交通

"2012 国"	第十五条　民用航空器、客运列车、客运船舶、公共汽车、城市轨道交通车辆等公共交通工具应当逐步达到无障碍设施的要求。有关主管部门应当制定公共交通工具的无障碍技术标准并确定达标期限。
"2021 京"	第十六条　城市公共汽电车、城市轨道交通车辆应当设置扶手、轮椅专席或者专区、坡板等无障碍设施、设备，安装字幕、语音报站装置。 城市轨道交通的车站应当设置无障碍检票通道、无障碍厕所、无障碍电梯，未设置的应当进行改造；确实不具备加装无障碍电梯条件的，应当设置公共区站台到站厅、站厅到地面的无障碍设施、设备。 出租汽车经营者应当配置一定比例的供使用轮椅乘客乘坐的无障碍车辆，并为残疾人、老年人等社会成员预约使用提供便利。 本市逐步建立无障碍公交导乘系统，方便听力、视力障碍者出行和换乘公交。
"2021 沪"	第十九条（公共交通无障碍）　公共交通运营单位应当根据实际需要，逐步配置无障碍车辆，并设置便于识别的无障碍运营标志。 公共交通运营单位应当在运营车辆上配备语音和字幕报站系统，并保持正常使用。 轨道交通车站应当设置地面至站厅的无障碍设施，并在换乘站之间实现无障碍设施衔接。轨道交通车辆应当逐步配备无障碍车厢。
"2021 深"	第二十六条　市交通运输部门应当推动轨道交通和公共汽车无障碍化。

"2021深"	轨道交通和公共汽车运营企业应当按照有关规定在车厢内外设置并使用语音和字幕报站系统、公交导盲系统，并配备上下车衔接辅助器具、提供服务。 　　途经公共服务机构、公共文化设施、交通枢纽、旅游景区、学校、医疗康复机构、儿童福利机构、养老机构等区域的轨道交通和公共汽车，应当优先配备无障碍设施。 　　轨道交通、公共汽车和出租汽车运营企业应当为残疾人或者其他出行不便利者无障碍出行提供预约服务。 　　第二十七条　市交通运输部门应当有计划地投放无障碍出租汽车。 　　鼓励出租汽车营运企业投放无障碍出租汽车。具体办法由市交通运输部门会同相关部门制定。 　　第二十八条　区人民政府应当统筹利用公交站点作为校车停靠点；未设公交站点的社区，由区人民政府依照有关规定设置港湾式校车停靠点。

三地条例对于公共交通无障碍的规定，均未涉及民用航空器、客运列车、客运船舶这些城际的交通工具，而是对城市公共汽电车、城市轨道交通车辆的场站和车辆以及出租车进行了规定。"2021深"提出了设置校车停靠站，已经超出了一般意义上无障碍的要求。

5. 无障碍停车位

"2012国"	第十四条　城市的大中型公共场所的公共停车场和大型居住区的停车场，应当按照无障碍设施工程建设标准设置并标明无障碍停车位。 　　无障碍停车位为肢体残疾人驾驶或者乘坐的机动车专用。
"2021京"	第十七条　公共停车场应当按照有关法规和无障碍设施工程建设标准设置并标明无障碍停车位，专门用于肢体残疾人驾驶或者乘坐的机动车停放，不得擅自改变用途。 　　使用无障碍停车位的，驾驶人或者乘坐人应当出示肢体残疾人证。停车场管理人员应当进行引导，并提供必要的便利服务。 　　停车场管理单位应当加强对无障碍停车位的管理，对擅自占用无障碍停车位的，予以劝阻、制止；对当事人拒不改正的，应当向公安机关交通管理部门报告。
"2021沪"	第二十条（停车无障碍）　城市公共停车场、大型居住区停车场应当按照无障碍设施工程建设标准设置无障碍停车位，并设置显著标志标识。 　　无障碍停车位为肢体残疾人驾驶或者乘坐的机动车专用。停车场管理者对于违规占用无障碍停车位的，应当予以劝阻；对不听劝阻的，应当要求其立即驶离或者拒绝提供停车服务；对拒不驶离或者强行停车，扰乱停车场公共秩序的，应当及时报告公安部门依法处理。 　　政府出资建设的公共停车场应当对残疾人专用机动车限时减免停车费用，具体办法由市交通部门会同市公安、价格主管部门和市残疾人联合会另行制定。 　　鼓励社会力量举办的停车场对残疾人专用机动车的停车费用给予减免优惠。
"2021深"	第二十五条　国家机关和事业单位对外办公场所、公共文化设施、交通枢纽、旅游景点、医院、大型商场、酒店的公共停车场，应当按照规定标准，在方便残疾人通行的位置设置并标明无障碍停车位，供肢体残疾人驾驶或者乘坐的机动车专用。 　　使用无障碍停车位的机动车，应当在显著位置放置专用标识或者残疾人证。停车场管理人员有权核对驾驶或者乘坐人员的专用标识或者残疾人证。 　　实行政府定价的公共停车场应当按照有关规定对肢体残疾人驾驶或者乘坐的机动车减免停车费用。鼓励其他类型停车场经营者对肢体残疾人驾驶或者乘坐的机动车减免停车费用。 　　按规定应当设置无障碍停车位但未设置的公共停车场，应当自本条例实施之日起六个月内按规定标准设置无障碍停车位。

三地条例均明确了无障碍停车位为肢体残疾人驾驶或者乘坐的机动车专用。相关要求包括无障碍停车位、相关标识和无障碍停车位管理等方面的内容。三地条例均未结合本地实际情况规定无障碍停车位的比例要求，只是要求"按照无障碍设施工程建设标准设置无障碍停车位"。下一步工作，各地可细化不同场所的要求，某些场所可在无障碍设施工程建设标准要求的基础上有所提高。

在三地，无障碍停车位的管理都存在权益保障和资源合理利用之间的矛盾，三地条例均强调了权益保障，实际工作中，在保障残疾人权利的前提下，可利用智慧管理手段进行精准和动态的管理，从而避免土地资源的浪费。

6. 无障碍酒店客房及住房

"2012 国"	无明确规定
"2021 京"	第十八条　旅馆、酒店应当按照无障碍设施工程建设标准配置一定比例的无障碍客房。
"2021 沪"	无明确规定
"2021 深"	第二十条　公共住房项目和商品房项目应当按照有关标准配置无障碍住房，并优先保障残疾人、老年人等特定人群需求。 公共住房项目的无障碍住房信息由住房和建设部门在公共住房选房清单中标示注明；商品房项目中的无障碍住房信息由住房和建设部门在商品房预售许可证的房屋清单以及网签系统上标示注明。房地产开发企业应当将无障碍住房信息在销售平台和现场公示。

所有条例均提及居住建筑，要求其符合无障碍设施工程建设标准。虽然《无障碍设计规范》对于居住建筑的无障碍客房及住房的比例有所规定，但其作为规范中的非强制性条款执行力度有限。近些年社会的争议和矛盾日益突出，有些地方的旅游、规划、住建等部门对上述比例要求有所规定，但从目前来看都没有纳入无障碍环境建设的相关条例，什么是底线要求、什么是鼓励的行为、什么是市场的行为，仍没有清晰的划定。

7. 无障碍标识系统

"2012 国"	无明确规定
"2021 京"	第十四条　无障碍设施管理责任人应当加强对无障碍设施的日常巡查，履行下列维护管理责任，确保无障碍设施正常使用： （一）设置符合国家标准的无障碍标识，保证标识位置醒目、内容清晰、规范，指明无障碍设施的走向以及具体位置。
"2021 沪"	第十四条（无障碍设施标识）　无障碍设施应当设置符合标准的无障碍标识，并纳入城市环境或者建筑内部的引导标识系统。无障碍标识应当位置醒目，内容清晰、规范，指明无障碍设施的走向及位置。

"2021 深"	第十二条　城市地名、公共场所名称和导向标识应当按照有关规定和标准设置，做到规范、准确，针对性、指引性强，无歧义。任何单位和个人不得随意设置上述标识。 市市场监管部门应当会同相关部门按照国际化城市建设要求，组织制定和实施与国际标准相衔接的中英文城市导向标识标准。 第三十二条　无障碍设施标识应当纳入城市环境和建筑内部引导标识系统。 无障碍设施所有权人或者管理者应当在显著位置设置符合标准的无障碍设施标识，并做好管理维护工作，保障正常使用。 涉及公共交通、公共安全的重要提示应当设置中英文标识或者提供中英文语音播报服务。

"2021 沪"和"2021 深"都有比较明确的对于无障碍标识的建设要求。而"2021 京"在无障碍设施的管理中提出了对于无障碍标识的要求，这并不是非常妥当，标识的有效设置和使用不仅是维护与管理的问题，而应从建设规划阶段就进行设计。

（二）无障碍信息交流

1. 无障碍信息交流建设规划

"2012 国"	第十八条　县级以上人民政府应当将无障碍信息交流建设纳入信息化建设规划，并采取措施推进信息交流无障碍建设。
"2021 京"	第五条　规划自然资源、住房和城乡建设、城市管理、交通、市场监督管理、文化和旅游、通信、经济和信息化、教育、体育、卫生健康、民政、农业农村、园林绿化等部门应当将无障碍环境建设内容纳入相关专项规划，并组织实施，依据法定职责，加强指导监督检查。
"2021 沪"	第八条（发展规划）　住房城乡建设、交通、经济信息化等部门应当将无障碍环境建设内容纳入相关专项规划，并组织实施。
"2021 深"	第七条　市人民政府应当做好无障碍城市建设与智慧城市建设的有效衔接，建立本市无障碍城市数据信息平台，推进无障碍城市建设数据互联互通和智慧化应用。 第八条　鼓励运用现代科学技术开展无障碍技术、产品和服务的研发、推广和应用，拓展可视、可听、可行、互动式的应用场景、产品和服务，让有需要者能够平等、便捷地共享科学技术发展成果。 第三十三条　市、区人民政府应当将无障碍信息交流建设纳入智慧城市建设，引导和鼓励科研单位、企业或者个人开展无障碍信息交流技术、产品、服务的研发、推广和应用，为有需要者获取公共信息提供便利。 第三十五条　鼓励通信终端设备制造商提供与无障碍信息交流服务相衔接的技术和产品，开展信息无障碍终端设备研发与无障碍化改造；鼓励相关企业在即时通讯、远程医疗、教育学习、地图导航、金融支付、网络购物和线上约车等服务中提供无障碍支持，将无障碍化纳入产品和服务的日常维护流程。 鼓励开发针对特殊群体融入社会的无障碍应用程序。 第四十条　鼓励食品、药品及其他商品生产经营企业在外形或者外部包装设置无障碍识别标识、技术和语言，方便有需要者识别和使用。

所有条例均单独设有关于无障碍信息交流的章节，虽然"2021 京"和"2021 沪"未在这一章提及规划的要求，但在总则这一章均提出了相关部门专项规划的要求。从"2021 深"可明确看出其利用智慧城市建设实现无障碍信

息交流目标的发展方向。

2. 网站及电信的无障碍

"2012 国"	第二十三条　残疾人组织的网站应当达到无障碍网站设计标准，设区的市级以上人民政府网站、政府公益活动网站，应当逐步达到无障碍网站设计标准。 第二十六条　电信业务经营者提供电信服务，应当创造条件为有需求的听力、言语残疾人提供文字信息服务，为有需求的视力残疾人提供语音信息服务。 电信终端设备制造者应当提供能够与无障碍信息交流服务相衔接的技术、产品。
"2021 京"	第二十一条　残疾人联合会、老年人组织网站应当达到无障碍网站设计标准，政府及其部门网站、政务服务平台、网上办事大厅应当逐步达到无障碍网站设计标准。 本市鼓励新闻媒体、金融服务、电子商务等网站建设符合无障碍网站设计标准。
"2021 沪"	第三十条（网站及移动终端应用）　本市政务服务平台、政务网站、公共服务网站及其移动终端应用，应当符合相关无障碍设计标准，提供无障碍信息传播与交流服务。
"2021 深"	第三十四条　公共服务类互联网站应当达到无障碍网站设计标准，方便有需要者获取相关信息。

电子信息交互界面的无障碍，可以说是无障碍信息交流的最重要的内容，相较硬件设施而言比较容易实现。同时信息智慧的生活服务，可以减少残疾人出行的刚性需求，提供更多的可能性。所以无障碍信息交流是从明确网站的无障碍开始的。"2012 国"还在提电信业务方面的要求，到了2021年，三地条例已经聚焦到互联网服务。

3. 公共服务的信息交流无障碍

"2012 国"	第十九条　县级以上人民政府及其有关部门发布重要政府信息和与残疾人相关的信息，应当创造条件为残疾人提供语音和文字提示等信息交流服务。 第二十四条　公共服务机构和公共场所应当创造条件为残疾人提供语音和文字提示、手语、盲文等信息交流服务，并对工作人员进行无障碍服务技能培训。 第二十五条　举办听力残疾人集中参加的公共活动，举办单位应当提供字幕或者手语服务。
"2021 京"	第二十二条　政府及其部门、公共服务机构提供的移动互联网应用，应当符合相关无障碍设计的国家标准，满足无障碍信息传播与交流的需求。 本市支持无障碍地图产品开发和人工智能技术的融合应用，推进社交通讯、生活购物、旅游出行等领域移动互联网应用的无障碍设计，为残疾人、老年人等社会成员提供无障碍信息传播与交流的便利。 第二十三条　市、区人民政府及其有关部门应当采取措施，为残疾人、老年人等社会成员获取公共信息提供便利。 政府通过视频方式发布涉及自然灾害、事故灾难、公共卫生事件等突发事件信息的，应当同时采取实时字幕、手语等无障碍方式。 第二十四条　本市提供政务服务和其他公共服务的场所应当创造条件，为残疾人、老年人等社会成员提供语音和文字提示、手语、盲文等信息交流服务。 举办有视力、听力残疾人参加的会议和公共活动，举办单位应当根据需要提供实时字幕、手语、解说等无障碍方式。 第三十五条　语言文字机构、残疾人联合会应当加大手语翻译等人才的培养，为有无障碍服务需求的单位提供专业人才。

"2021沪"	第二十七条（公共信息无障碍） 各级人民政府及其有关部门应当采取措施，为残疾人、老年人等社会成员获取公共信息提供便利。 各级人民政府及其有关部门发布重要政府信息、突发事件信息以及与残疾人、老年人相关的信息，应当提供语音播报、文字提示等信息交流服务。 市、区人民政府召开新闻发布会发布前款规定信息的，可以根据需要在转播时加配手语或者字幕。 第三十二条（公共活动信息交流服务） 举办视力、听力障碍者集中参加的会议、讲座、培训、演出等公共活动，举办单位应当提供字幕、手语、解说等信息交流服务。
"2021深"	第三十六条 国家机关、事业单位和社会组织等举办有听力残疾人参加的大型会议和活动时，应当配备手语翻译或者字幕。 第四十条 鼓励食品、药品及其他商品生产经营企业在外形或者外部包装设置无障碍识别标识、技术和语言，方便有需要者识别和使用。

平等地享受政府和社会提供的公共服务是公民的权利。所以所有条例均在这方面着墨最多，主要聚焦保证残疾人和老年人能够有效获取必要的公共服务信息。

4. 无障碍公共呼叫系统

"2012国"	第二十八条 地方各级人民政府应当逐步完善报警、医疗急救等紧急呼叫系统，方便残疾人等社会成员报警、呼救。
"2021京"	第二十五条 110、119、120、122等紧急呼叫系统应当具备文字信息传送和语音呼叫功能，方便残疾人、老年人等社会成员报警、求助和呼救。 12345市民服务热线及其网络平台应当具备文字信息传送和语音呼叫功能，方便残疾人、老年人等社会成员咨询、求助、投诉、举报、建议。
"2021沪"	第三十一条（紧急呼叫与热线服务） 110接处警、119火警、120医疗急救等紧急呼叫系统应当具备文字信息报警、呼叫功能，保障听力、言语障碍者报警和急救需要。 12345市民服务热线应当具备文字信息交流功能或者提供手语翻译服务，保障听力、言语障碍者咨询、建议、求助、投诉、举报等需要。
"2021深"	第四十四条 火警、匪警、医疗急救、交通事故等紧急呼叫系统应当具备中英文文字信息报警、一键呼叫、转移呼叫等功能，保障有需要者报警和急救需要。

残疾人、老年人如何在突发危险的情况下有效呼叫、及时求助，是近些年群众呼声强烈的问题。三地条例均是以保障报警和呼叫为当前重点。针对自救能力较弱的群体，以最快速度准确地外部施救，为最可靠和务实的方式。

5. 无障碍影视

"2012国"	第二十一条 设区的市级以上人民政府设立的电视台应当创造条件，在播出电视节目时配备字幕，每周播放至少一次配播手语的新闻节目。 公开出版发行的影视类录像制品应当配备字幕。
"2021京"	第二十六条 市、区广播电视台应当创造条件，在播出电视节目时同步配备字幕；市广播电视台播出主要新闻节目应当配播手语；区广播电视台应当逐步扩大手语配播节目的范围。

"2021 沪"	第二十八条（影视无障碍） 新闻、科普、纪实类电视节目应当加配手语或者字幕。 公开出版发行的影视类录像制品应当配备字幕。 鼓励网站对其播放的视频节目加配手语或者字幕。 鼓励有条件的影剧院、文化馆、社区文化活动中心等单位开设无障碍电影专场，举办无障碍电影日等活动。
"2021 深"	第三十七条 电视台应当在播出电视节目时加配字幕，每天至少安排一次手语新闻播报。 公开出版发行的影视类录像制品应当配备字幕，鼓励制作发行其他形式的无障碍影视作品。

通过配备字幕，让听觉障碍人士也能看电影电视是无障碍影视的重要内容。需要说明的是，虽然各条例均提到手语，但手语是不能代替字幕的。很多听觉障碍人士，尤其是老年人，并不掌握手语。所以各条例更强调配备字幕。

6. 无障碍图书馆

"2012 国"	第二十二条 设区的市级以上人民政府设立的公共图书馆应当开设视力残疾人阅览室，提供盲文读物、有声读物，其他图书馆应当逐步开设视力残疾人阅览室。
"2021 京"	第三十四条 本市支持儿童读物、工具书以及医学、历史、音乐、技能等领域的盲文、有声出版物出版，满足视力障碍者的需要。 本市支持盲文图书馆、图书室、图书角等建设，鼓励捐赠各类图书和有声读物。鼓励高等院校、社会团体、文化企业参与无障碍模式的作品制作，扩大无障碍模式的作品供应，为残疾人、老年人等社会成员享受公共文化服务提供便利。
"2021 沪"	第二十九条（阅读无障碍） 市、区公共图书馆应当开设视力障碍者阅览室，提供盲文读物、有声读物，配备语音读屏软件，为视力障碍者提供无障碍阅读服务。 鼓励其他有条件的图书馆开设视力障碍者阅览室（角），或者提供盲文读物、有声读物。
"2021 深"	第三十八条 市、区公共图书馆应当开设无障碍阅览室或者阅读专区，提供盲文、大字、易读以及有声读物，配备语音读屏软件，为有需要者阅读书籍、使用网络提供便利。市、区人民政府应当按照规划要求建设儿童图书馆或者开设公共图书馆儿童阅览专区。 第三十九条 国家机关应当将下列政务信息制作成盲文版或者有声版，提供给市、区公共图书馆，供残疾人以及其他有需要者阅读： （一）本级人民代表大会常务委员会、人民政府、人民法院、人民检察院的年度工作报告和监察委员会的专项工作报告； （二）本级国民经济和社会发展规划和年度计划； （三）统计部门年度统计公报中的重要数据资料； （四）与残疾人权益密切相关的法律、法规、规章和规范性文件。 鼓励出版盲文版、图片版、大字版等无障碍读物。

现代的图书馆并不限于借阅书籍，而是社会公共文化生活的重要场所，所以"2021 京"提出的"为残疾人、老年人等社会成员享受公共文化服务提供便利"是图书馆无障碍环境建设的发展方向。

7. 信息无障碍技术研发

"2012国"	无明确规定
"2021京"	第二十条　本市支持信息无障碍领域的技术研发与应用，推进人工智能、物联网、区块链等技术在信息无障碍领域的成果转化，支持新技术在导盲、声控、肢体控制、图文识别、语音识别、语音合成等方面的应用。
"2021沪"	无明确规定
"2021深"	第三十五条　鼓励通信终端设备制造商提供与无障碍信息交流服务相衔接的技术和产品，开展信息无障碍终端设备研发与无障碍化改造；鼓励相关企业在即时通讯、远程医疗、教育学习、地图导航、金融支付、网络购物和线上约车等服务中提供无障碍支持，将无障碍化纳入产品和服务的日常维护流程。 鼓励开发针对特殊群体融入社会的无障碍应用程序。

"2021京"和"2021深"针对无障碍信息技术研发特别制定条文，与这两个城市的产业定位和在相关领域的先发优势有关。因为老龄化社会的到来，无障碍信息技术将大有可为，不但可以促进民生，而且具有广阔的市场前景，因此得到政府的关注和支持。

（三）无障碍社会服务

1. 无障碍服务

"2012国"	第二十七条　社区公共服务设施应当逐步完善无障碍服务功能，为残疾人等社会成员参与社区生活提供便利。
"2021京"	第二十七条　本市提供政务服务和其他公共服务的场所应当根据残疾人、老年人等社会成员的需求，提供助视、助听、助行设备以及辅助服务，开展无障碍预约服务。 政府有关部门应当会同残疾人联合会、老年人组织，根据需要组织编制有声版、大字版办事指南，为残疾人、老年人等社会成员办理相关事务提供便利。 第二十八条　本市加强突发事件中对残疾人、老年人等社会成员的保护；强化残疾人、老年人集中场所和服务机构的安全保障、应急服务、消防安全能力建设，完善相关工作措施。 第二十九条　本市根据残疾人、老年人等社会成员的需求，围绕出行、就医、消费、文娱、办事等事项，坚持传统服务与智能创新相结合，保留和改进传统服务方式，加强技术创新，提供更多智能化产品和服务，为残疾人、老年人等社会成员提供便利。 本市支持利用信息技术加快推进食品、药品信息识别无障碍。鼓励在食品、药品和日用品的外形或者外部包装上设置无障碍识别标识、技术和语言，方便残疾人、老年人等社会成员识别和使用。 第三十条　本市加大对读屏软件、阅读终端等视觉无障碍设备，语音转文字软件、语音识别系统、实时字幕等听觉无障碍设备以及可穿戴、便携式监测监护等无障碍终端设备研发的投入，培育无障碍终端设备制造产业，支持残健融合型无障碍智能终端产品的生产。
"2021沪"	第三十五条（政务服务）　行政服务中心、社区事务受理服务中心等政务服务机构应当为残疾人、老年人等社会成员提供必要的无障碍服务，并优先办理相关事项。 第三十六条（文化旅游服务）　博物馆、美术馆、科技馆、影剧院、社区文化活动中心等公共文化设施和旅游景点应当为残疾人、老年人等社会成员提供轮椅、语音文字导览或者手语翻译等无障碍服务。

"2021沪"	第三十七条（公共服务） 金融、邮政、通信、公用事业等公共服务单位应当在营业场所配备电子信息显示屏、手写板等辅助设备，为有需求的听力、言语障碍者提供文字信息服务，为视力障碍者提供语音信息服务，方便其办理业务。 邮政企业应当对盲人读物给予免费寄递。 第三十八条（医疗卫生服务） 医院、社区卫生服务中心等医疗机构应当按照有关规定，为残疾人、老年人就医提供优先挂号、导医等便利服务。 鼓励医疗机构开设无障碍门诊，为听力、言语障碍者就医提供手语翻译服务。 第三十九条（教育教学服务） 各级各类学校应当在无障碍设施设备、教育教学、生活等方面，为残疾学生提供必要的无障碍服务。 第四十条（公共交通服务） 机场、火车站、汽车客运站、港口客运站、轨道交通车站等公共交通服务场所应当设置发布信息的文字显示系统、语音提示系统，为残疾人、老年人等社会成员提供咨询服务或者轮椅等必要帮助。 第四十一条（智能信息服务） 各级人民政府有关部门和提供公共服务的单位应当采取措施，推广应用符合残疾人、老年人等社会成员需求特点的智能信息服务并提供相应支持，尊重残疾人、老年人的习惯，保留并完善传统服务方式，推动线上、线下服务融合发展、互为补充。 鼓励残疾人联合会、老年人组织等社会组织和培训机构开展专题培训，帮助残疾人、老年人等社会成员提高运用智能技术的能力。 第四十二条（应急避难服务） 城市应急避难场所的维护管理单位应当制定实施针对残疾人、老年人等社会成员的应急避难工作预案，完善城市应急避难场所无障碍服务功能，并对相关工作人员进行无障碍服务培训。
"2021深"	第四十一条 国家机关、事业单位、金融机构、医院、商场、公用事业经营单位等公共和社区服务场所，应当设置高低位服务台，为有需要者提供语音、文字提示、手语、盲文、大字、图片、外文翻译等无障碍信息交流服务或者人工咨询服务。 第四十二条 医院、机场、车站、客运码头、口岸等交通枢纽、大型公共文化设施、A级旅游景区，应当配备轮椅、拐杖等辅助器具，并提供引路、咨询以及其他必要帮助。 第四十三条 国家机关、事业单位、金融机构、医院、商场、酒店、公用事业经营单位等公共和社区服务场所，应当对本单位相关工作人员进行无障碍城市知识教育和无障碍服务技能培训。 规划、设计、施工、监理等单位应当对本单位相关工作人员进行无障碍设施建设标准和技术规范的培训。 残疾人联合会、妇女联合会、共青团等群团组织应当根据各自工作职责组织开展无障碍设施、产品使用培训和宣传教育活动，为单位和个人学习无障碍城市知识、开展相关职业技能培训提供必要指导和帮助。 第四十四条 火警、匪警、医疗急救、交通事故等紧急呼叫系统应当具备中英文文字信息报警、一键呼叫、转移呼叫等功能，保障有需要者报警和急救需要。 第四十五条 学校应当按照有关规定配备特殊教育师资、社会工作者、志愿者，配置特殊教育资源教室、无障碍设施设备，并提供教学、生活以及活动等方面的无障碍服务。 第四十七条 市人民政府举办市运动会，应当同时举办市残疾人运动会。 第五十六条 鼓励志愿者为有需要者提供无障碍服务。市义工联合会应当加强志愿者无障碍服务培训。 支持市义工联合会建立无障碍志愿服务时间储蓄制度，通过无障碍智慧服务平台，发布服务对象需求、储存和转移志愿者服务时间、评价志愿服务等信息。 志愿者或者其直系亲属有需要时，可以将志愿者储存的无障碍志愿服务时间兑换同等时长的无障碍相关服务。

在"2012国"中专设一章"社区服务"，而在"2021沪"和"2021京"中已扩展为"无障碍社会服务"。"2021沪"对于无障碍服务分类别给予了详细的要求，堪称"亮点"。"2021京"将许多无障碍信息交流的要求放在了"无

障碍社会服务"这一章，体现了信息技术和智慧化的服务可以极大地有助于无障碍社会服务这一特征。

2. 无障碍考试

"2012国"	第二十条　国家举办的升学考试、职业资格考试和任职考试，有视力残疾人参加的，应当为视力残疾人提供盲文试卷、电子试卷，或者由工作人员予以协助。
"2021京"	第三十一条　本市举办的各类升学考试、职业资格考试和任职考试，应当根据视力、听力或者肢体残疾考生的实际需要，提供阅卷、书写、助听、唇语等便利，或者由工作人员予以协助。 符合机动车驾驶资格考试条件的听力障碍者参加考试的，公安机关交通管理部门应当为其提供便利。
"2021沪"	第三十四条（考试活动）　市、区人民政府有关部门和考试组织单位应当根据需要，为残疾人等社会成员参加各类升学考试、职业资格考试和任职考试提供便利。有视力障碍者参加考试的，应当根据需要为其提供盲文试卷、大字号试卷、电子试卷、有声试卷，或者由专门工作人员提供帮助。 公安机关交通管理部门应当为符合条件的肢体残疾人、听力障碍者参加机动车驾驶资格考试提供便利。
"2021深"	第四十八条　市、区人民政府相关部门、组织考试的单位，应当为残疾人参加国家、省、市举办的各类升学考试、职业资格考试和任职考试等提供便利；有视力残疾人参加的，应当根据需要为其提供盲文试卷、电子试卷或者由专门工作人员予以协助。

1994年中国即发布了《中华人民共和国残疾人教育条例》，从法律上保障中国残疾人平等受教育的权利，无障碍考试是其条件保障之一。同时残疾人就业、生活必需的考试，也需要提供无障碍条件。虽然在条例的规定里没有体现，但信息技术可以为其提供有力的帮助。

3. 无障碍参与政治生活

"2012国"	第三十条　组织选举的部门应当为残疾人参加选举提供便利，为视力残疾人提供盲文选票。
"2021京"	第三十二条　组织残疾人、老年人等社会成员参加选举的，应当在场地、设施、材料提供方面充分考虑其无障碍需求，根据需要提供盲文、大字选票。
"2021沪"	第三十三条（选举活动）　组织选举的部门和单位应当为残疾人、老年人等社会成员参加选举提供便利和必要协助，为视力障碍者提供盲文或者大字选票。
"2021深"	第四十六条　组织选举的单位应当为残疾人参加选举提供便利，为视力残疾人提供盲文选票。

各条例的相关要求，保障了残疾人、老年人的基本政治权利。

4. 导盲犬

"2012国"	第十六条　视力残疾人携带导盲犬出入公共场所，应当遵守国家有关规定，公共场所的工作人员应当按照国家有关规定提供无障碍服务。

"2021 京"	第三十三条 视力残疾人持视力残疾人证、导盲犬工作证可以携带导盲犬进入公共场所、乘坐公共交通工具，有关单位和个人不得拒绝。 第四十一条 违反本条例第三十三条规定，拒绝视力残疾人携带导盲犬进入公共场所、乘坐公共交通工具的，由街道办事处、乡镇人民政府或者相关部门依据职权责令改正；拒不改正的，对相关单位和个人予以警告或者通报批评。
"2021 沪"	第四十三条（辅助犬） 公共场所工作人员应当为携带辅助犬的残疾人提供便利。 残疾人携带辅助犬出行，应当随身携带相关证件；出入公共场所和乘坐公共交通工具，应当遵守国家和本市的有关规定。
"2021 深"	第四十九条 残疾人可以携带服务犬出入公共场所、乘坐公共交通工具。 依法禁止犬只出入的场所，其管理人员应当为残疾人及其携带犬只的管理提供必要帮助。

中国盲人协会 2019 年 5 月的数据显示，目前全国共有 1731 万视力残疾人士，而现存导盲犬数量不足 200 只，能够成功申请到导盲犬的盲人可谓幸运，然而在实际生活中，他们却可能遇到各种拒绝和不满。从上表可以看出，2012 年国家即对视力残疾人携带导盲犬出入公共场所的权利和义务进行了明文规定，但由于规定过于原则性，没有实际的约束力。三地条例对这个问题有所重视，而且社会意识也在提升，但在面对携带导盲犬的视力残疾人和其他民众的矛盾时，依旧没有很好的办法给予调和，需要社会整体道德水平的支撑。

（四）法律责任和管理

笔者对相关条文不再一一列举，仅重点介绍一些有特色的条款。

比如"2021 沪"第四十五条网格化管理提出："本市将无障碍设施维护纳入城市网格化管理。区和乡镇人民政府、街道办事处所属的城市运行管理机构对巡查发现的无障碍设施损毁或者故障等情况，应当进行派单调度、督办核查，指挥协调相关部门或者单位及时进行维修。"再比如第四十九条失信惩戒提出："对单位和个人因违反无障碍环境建设与管理相关规定，受到行政处罚等失信信息，按规定纳入本市公共信用信息服务平台予以共享，并依法实施相应惩戒。"这些条款体现了上海城市管理的精细化。

人才培养得到了三地条例的重视，例如"2021 深"第五十七条"鼓励高等院校、科研单位和社会组织等开展无障碍城市理论、标准与应用研究，通过各种形式参与无障碍城市建设。支持高等院校开设无障碍城市建设相关专业和课程，培养专业人才和社会工作者。城市规划、建筑设计、工程管理、景观园林、室内设计等专业的教学课程应当包含无障碍内容。鼓励引进无障碍城市建设专业人才"。

参考文献

［1］中华人民共和国国务院新闻办公室．平等、参与、共享：新中国残疾人权益保障70年［N］．人民日报，2019-07-26（17）．

［2］叶静漪，苏晖阳．新时代我国残疾人社会融合问题研究［J］．人口与发展，2021，27（01）：3-15+50.

［3］张东旺．中国无障碍环境建设现状、问题及发展对策［J］．河北学刊，2014，34（01）：122-125.

［4］潘海啸，华夏，施瑶露．基于包容性发展理念的无障碍交通环境建设［J］．交通运输研究，2021，7（03）：2-10.

［5］邱卓英．《国际功能、残疾和健康分类》研究总论［J］．中国康复理论与实践，2003，9（01）：2-5.

［6］宫晓东，高桥仪平．日本无障碍环境建设理念及推进机制分析［J］．北京理工大学学报（社会科学版），2018，20（02）：168-172.

［7］孙友然，凌亢，白先春．残疾人蓝皮书：中国残疾人事业发展报告（2019）［J］．现代特殊教育，2020（02）：55-59.

［8］刘雪娇．用途混合视角下的社区公共服务设施精细化规划策略探讨［J］．城市发展研究，2021，28（11）：31-37.

［9］张瑜，王建忠．我国无障碍信息建设立法研究及完善对策［J］．残疾人研究，2020（09）：10-16.

［10］彭宅文．残疾、社会排斥与社会保障政策的干预［J］．中国人民大学学报，2008（01）：16-21.

［11］陆文浩．社会组织参与残疾人服务问题研究：基于不同机构的比较分析［J］．西部学刊，2020（22）：35-38.

［12］谢琼．欧盟残疾人政策及其对我国的启示［J］．经济与社会发展，2010（03）：106-108.

［13］黄松波，王茂斌．国际残损、残疾和残障分类进展［J］．中国康复医学杂志，2001（06）：374-376.

后　记

在本书写作的2020年和2021年，尽管面临着疫情的巨大挑战，中国的无障碍环境建设工作不但稳步推进，而且在顶层设计上又有了新的突破，新的地方法规纷纷出台，住建部发布了全文强制的无障碍工程建设规范。

2020年中国已经全面建成小康社会，人民的经济生活水平和社会公共服务水平均达到了历史上的最高点。以2022年北京冬奥会和冬残奥会召开为标志，无障碍环境建设将进入一个新的阶段。为了实现中国社会发展的下一个目标——2035年基本实现社会主义现代化，为了应对快速老龄化社会，无障碍环境建设必须直面新需求和新问题，借助技术和管理能力的提升，向通用性、适老性发展。

无障碍环境建设是科学问题，需要理性的态度和专业的精神。无障碍环境建设的科学性，一方面表现在满足无障碍功能的设施和物品均是广义的技术产品；另一方面表现在其规划和管理属于社会科学及其应用的一部分。在上一个历史阶段，无障碍环境建设的科学性主要体现在工程和产品的设计及制造领域；新的历史阶段，生物医学的基础研究，主动健康的干预技术研究，智慧辅助和智慧服务研究，都将使无障碍环境建设继续凭借科学发展的助力，通过新的场景、工具和服务给予残疾人和老年人等人士更大的帮助。

同时，要认识到无障碍环境建设不只是科学问题，还是社会人文问题，甚至可以说文明的高度决定着无障碍环境建设的高度。公民素质、道德水平、知识修养等都在底层决定着无障碍环境建设是否能够顺利发展。我们有信心，无障碍环境建设将和中国社会一起进步。

无障碍环境建设将向着更加包容、共享发展，更多地满足"通用设计"的原则。近些年，偶尔听到一些新名词，甚至有人提出"无障碍已经过时了"的言论，对此需要理性看待。适老、儿童友好等概念的提出，是面向残疾人之外其他需要特别关照的群体，应该得到重视，无障碍环境也有条件极大地帮助到这些人群。无障碍环境建设需要同时考虑残疾人和老年人的需求，尽可能考虑儿童的需求。"无障碍"本身在发展，而不是已经过时了。

发展中会不断涌现新的问题，例如，"无障碍"的出发点是协助人自主安全地生活，可是很多老年人已经失去自主生活的能力，坡道、卫生间等就要考虑照护者的使用，以照护行为的合理和安全为主，这和常规的"无障碍"的出发点是不一致的，如坡道需要坡度更加平缓，卫生间需要空间更大。这就要求无障碍环境建设抓住突出的问题，以问题为导向，扎扎实实地给予解答和处理。

现在，中国社会对于"无障碍"的接受度已经与前些年不可同日而语。记得刚刚开始进入无障碍设计领域的时候，经常听到的问题是，残疾人为什么去公园？盲人为什么来体育馆？10年过去了，今天经常听到的问题是，这个楼为什么不设无障碍电梯？地下车库和无障碍电梯之间的通道为什么有地坎？这个会议室的声环境对听觉障碍者太不友好了，人行道上的障碍太多了。在很短的时间，社会对于"无障碍"由不理解变成了不满足，无障碍环境建设大有可为。

基于以上思考，本书对无障碍环境的中长期发展进行了展望。通过最后一章的内容可以看出，哪怕只是满足地方法规的要求，任务也很艰巨。但是，挑战也是机会，无障碍环境建设蕴涵着推动技术和经济发展的动力，新技术、新产品，甚至新产业会应运而生，会出现蓝海，会出现大量的工作要完成。希望我们能够不忘初心，以理性而乐观的态度，共同参与这项伟大的事业。